中华创世神话研究工程
系列丛书

中华创世神话图像编

上海市社会科学界联合会 组织编写

帝尧创世神话图像谱系

THE PICTORIAL GENEALOGY OF EMPEROR YAO'S CREATION MYTHS

张晨霞 著

上海人民出版社

编写说明

　　由上海市社会科学界联合会组织实施的中华创世神话学术研究工程是"开天辟地——中华创世神话"文艺创作与文化传播工程的重要组成部分，是弘扬中华优秀传统文化的一项基础性工作，是打造上海文化品牌的一项重要内容。

　　自 2017 年以来，在中共上海市委宣传部的指导下，在上海市哲学社会科学规划办公室的支持下，上海市社会科学界联合会积极联系国内相关领域的专家学者深入开展专题研究，在上海市哲学社会科学规划课题的研究基础上，集中研究力量和学术资源，推出了中华创世神话研究工程系列丛书。

　　本丛书旨在通过整理编纂各民族中华创世神话资料，研究和梳理中华创世神话脉络和体系，讲好中华创世神话故事，探索中华文明之源，弘扬中华民族精神，为中华文化培根固源，为中华民族塑魂铸魂，为今后学术研究、文艺创作提供参考。

　　本丛书的编纂得到上海社会科学院、上海交通大学、华东师范大学、上海大学、上海政法学院等单位学者的鼎力支持，也得到中国社会科学院、北京师范大学、华中师范大学等单位专家的大力帮助。

上海市社会科学界联合会

2020 年 12 月

序

　　中华创世神话叙事传承在历史上有三种主要形式：一是语言文字的叙事形式，二是仪式行为的叙事形式，三是图像物象的叙事形式。在文字还没有发明的时候，图像就是一种重要的跨越时空的记录形式与叙事形式，人们通过图像讲述着世界上发生的故事和他们浪漫想象的故事。

　　我们所熟悉的盘古开天地的故事，完整的语言文字叙事其实直到三国的时候才记录下来。但是，至少在东汉时期，四川的文翁石室，即所谓汉时讲堂，就画了三皇五帝，以及盘古开天辟地的故事。这些绘画故事声名远扬，从蜀中传到江南的建业都城。东晋时期的王羲之还托人去临摹，意图传承其中的绘画元素。东汉时期，一篇叫《鲁灵光殿赋》的文章里面记载，鲁灵光殿里绘有一组中华创世神话系列图像，其中有一幅重要的图画常常被忽视，在赋中是如此描述的："上纪开辟，遂古之初。"显然，此处图画的内容当是盘古开天辟地的故事。可见，在文字并没有很好记载的时代，图像已是一种独特的叙事系列。可惜，无论是四川的文翁石室，还是鲁灵光殿壁画，我们今天已经见不到了，这是非常遗憾的事。

　　《鲁灵光殿赋》中所描述的"伏羲鳞身，女娲蛇躯"为人们所熟知，但是描绘这些形象的图像传到唐代就比较少了，后来渐渐被人们淡忘。宋代马麟画了一幅伏羲的图像，是一位圣哲在画八卦，从此画八卦的伏羲占据了伏羲图像的主流地位。直到那些埋在地下的汉代的画像石、砖，以及唐代的伏羲女娲图像绢画被发掘出来，向我们展示了伏羲女娲的龙蛇之躯之后，我们方才恍然大悟。然而唐宋以后，伏羲女娲故事的主流题材却又是兄妹婚故事，可见图像叙事并没有很好地表现这些内容。秦汉隋唐伏羲女娲图像传播的时代，语言则讲述伏羲画卦，可见图像叙事与语言叙事并不同步，前者亦是文化多样性的重要构成形式。

图像是一种可视符号，对于文化的传承和认同具有独特的意义。图像的稳定性要比口头传播可靠性高，因此对于文化统一性的作用更为突出。神话学研究经常会提到的"语言疾病说"，实际上是对于神话的口头表达之不可靠性的一种深刻认识。"语言疾病"是神话演变的现象，但是并不意味着那是一件好事。鲁鱼亥豕是一种信息混乱，所以图像的优越性在一定程度上高于口头语言，这是事实。图像的跨越语言障碍的意义更是有效的文化传播的保障，在全球化的今日，其价值更为突出。

历史上我们很重视语言文献，相对来说对于图像文献则重视不够。近年来中外神话学者都对神话图像研究倾注了很大精力，图像叙事与图像分析是其中关注得比较多的问题。但是，像创世神话这样重要的图像问题，我们仍然重视不足。尤其在一种将中国神话视为残丛小语的错误认识下，神话图像也被认为是凌乱的，因此，创世神话的图像研究也是零散的。

当中华创世神话严整的、丰富的谱系性构成问题被揭示，创世神话的图像谱系问题也被严肃地提出来了。图像叙事虽只是神话叙事的形式之一，但图像的丰富性与多样性远远超出了传统的认识视野。在上海市"中华创世神话文艺创作工程"之"学术研究工程"的支持下，我们开展了中华创世神话的田野调查与研究，灿烂的中华创世神话图像恢弘地呈现在我们面前。这些图像既有古远的创世神图像元素的不朽传承，也有历史上世世代代的人民群众的创造，更有当代社会对于创世神话的创新性发展。所以，我们乐于将这些图像与世人分享，更乐意以文化谱系观对这些图像予以系统研究与整理，分享我们的神话观念。无论是文艺创作、审美欣赏，还是神圣敬仰、文化认同，这一中华创世神话图像谱系研究系列，都将是对于中国神话的一次大规模的探索与资源呈现。这不仅是为了中国人的文化自豪感建设，更是为世界人民增添一种文化自信：就像中国神话推助中华民族伟大复兴一样，世界上古老的神话资源一定能够将人类带向美好的未来。

田兆元　毕旭玲

2021 年 9 月 25 日于上海

目　录

导　言

在我国创世神话长河中，帝尧神话以其明确的政教意味和主流文化书写，成为建立民族认同和文化自信的一个重要符号。神话的核心人物帝尧，是上古五帝之一，他制定历法、治理水患、修明法度、协和万邦、禅让帝位，这些重要的政治事件和历史功绩，无不彰显帝尧对人类社会和中华民族的卓越贡献。对此，历代的经书、子书、史书大加肯定，不断赋予帝尧这位远古圣王超出常人的品质，淋漓尽致地展示出帝尧的仁、德，以及与臣、民、天下和谐相处的帝尧之道。毫无疑问，创世神话中的帝尧时代是上古理想社会生活的投影，帝尧治世文化是人们在和谐精神理念下的一种智慧创造，帝尧也成为第一位以道德立身治世的中华创世大神。

讲述帝尧神话的方式当属叙事。对于神话叙事，可通过形式解构的方法来加以研究。基于此，学术界早已提出神话具有三种构成形态：语言叙事、物象叙事、民俗行为叙事。① 也就是说，神话的叙事不仅表现为语言文本形态，也包括图像景观等物象形态，以及仪式表演等民俗行为形态，是一种多层次、综合的神圣叙事。依据这一理论创见，研究帝尧神话需要有一种整体性的综合分析理念，具体考察这三种叙事形态，剖析神话文本与图像、信仰仪式的关系，做到这些，也就容易理解帝尧神话的结构和功能，进而考虑它的现实价值问题了。

就帝尧神话的图像景观而言，它属于物象形态范畴，是一种直接诉诸视觉、利用形象画面来表现的神话叙事。这种图像叙事在帝尧神话叙事体系中不可替

① 田兆元：《神话的构成系统与民俗行为叙事》，《湖北民族学院学报》2011 年第 6 期。注：随着研究的推进，这三种神话构成形态所指更明确，称为语言文字叙事、景观图像叙事、仪式行为叙事，见田兆元：《神话的三种叙事形态与神话资源转化》，《长江大学学报》2019 年第 1 期。

代，其价值体现在三方面：

第一，图像成为语言文本的证明材料，与文字互为阐释。图像是一种古老的艺术形式，它通过构图技巧和实物载体来刻绘故事情节及艺术形象，由于载体媒介不同，产生了多样的表现形式，包括绘图类、雕塑类、建筑类、器物类等。依托语言文本中的神话情节要素而生成的系列物象和图像组合，意在确证帝尧神话讲述的历史真实性，同时又促进了神话文本在不同时期的传播。

第二，图像作为仪式行为的媒介物。当人们走进庙堂，欣赏人文景观时，往往会膜拜神像、观瞻壁画、欣赏各种雕塑，会不自觉地受到图像实物的感染和引导，此时的图像实物便成为一种与神灵交流的媒介物，具有烘托气氛、增加神灵在场感等作用。

第三，图像可以直接讲述。实物图像将语言文本物化的过程，必然渗透着图像创作者的主体意识和思想情感，经过加工转换后的图像实物，也因此成为一个独立的文化产品。实际上，帝尧神话图像实物所具有的历史性、重构性和一定的艺术观赏性，常常被视为一种景观，不仅暗含着与过去历史的某种联系，而且体现了本区域主导的帝尧文化认知和价值取向。

事实上，帝尧神话图像是我国传统文化的珍宝，它直观再现了上古最理想的帝尧盛世，展示出帝尧形象的光彩多姿，表达了中华民族崇德向善的深沉情感。在神话图像中塑造的帝尧形象，以及隐喻于帝尧形象中的道德品质力量，与中国传统文化互相渗透，深刻地影响了中华文明的进程。同时，帝尧图像中所蕴含的和谐至善精神，也是当代推动文化创新、建立民族认同和进行地方建设的重要因素。

当前，帝尧神话图像正迎来勃勃生机。许多地方重塑帝尧景观图像，举行祭尧仪式，恢复传统庙会，举办帝尧文化旅游节。在这个过程中，帝尧神话的传统图像和实物得到关注，新的帝尧神话图像不断地被开发出来。毋庸置疑，帝尧神话图像的多元发展，既符合图像本身的审美演变规律，也充分证明了神话图像的时代价值和社会影响力。但是，我们应该知道，帝尧神话图像的多样化不等于随意而为，而是要遵循一些基本的原则，也就是说，不管帝尧神话图像在各地如何改变，作为帝尧身份特征的一些核心要素却不能丢失。如果不顾及历史传统和这些核心要素，而是拍拍脑袋去制造帝尧图像，所生成的图像必然不能获得社会的认同，神话图像应有的接受和传播效用也会大大降低。这也是帝尧神话图像叙事研究的应用价值。

要研究帝尧神话的图像叙事，民俗谱系理论是行之有效的分析工具。民俗谱系理论是以空间谱系、时间谱系、族群谱系、形式结构谱系来建构民俗，[①] 神话图像研究同理，可以从时间谱系、空间谱系、神族名物谱系、内容谱系四个维度，全方位阐释帝尧神话的图像叙事。比如图像的时间谱系部分，通过挖掘历史上帝尧神话图像的遗存，梳理神话历史图像的样态和类型，讨论不同时期图像的演变生成过程以及内在特征。图像空间谱系关注帝尧神话在不同地域的讲述，以及由此形成的以帝尧文化圣地建构为中心的特色图像空间。内容谱系研究的是帝尧神话图像所表现的意义，具体包括图像的思想主题、文化内涵、艺术特征等方面。此外，与帝尧相关的神族，如贤臣、亲族、高士等人物及神话中出现的名物，将专列一节讨论。

为了深入剖析图像叙事的内部特征，多维度多层面地考察帝尧神话图像，本书秉承《中华创世神话人物图像谱系》一书的研究理念和方法，将谱系理论和神话图像的认同思想贯穿于写作始终，以帝尧神话语言文本叙事为基础，探讨帝尧神话图像的文化内涵和独特认同价值。对于数量颇丰的帝尧神话图像，将从时间谱系、空间谱系、神族名物谱系、内容谱系四个维度考察，并将其中的经典图像按考古文物、古代绘画、庙宇景观、现代创作四类予以展示和解读。

还要说明的是本书的图像资料来源。本书采用文献检索与田野调查的方法，检索的文献包括传世的历史文本和考古出土资料，田野调查是前往帝尧文化密集传承的地域，包括山西、河北、山东、河南、陕西五省多地，搜集实物图像，考察人们的民俗实践和经验。应该说，田野调查是本书得以完成的重要基础，一些地方化的图像和民俗实践离不开田野作业。当笔者再次回望田野，思考那一次次令人难忘的调研时，所收获的不仅是地方化的帝尧神话图像资料，还包括与图像联系在一起的故事文本、仪式活动内容，换句话说，地方社会往往是将图像、语言和行为进行综合讲述，这是帝尧神话图像叙事的现实表现，也是神话谱系理论应用的一个实证。

----

① 田兆元：《民俗研究的谱系观念与研究实践——以东海海岛信仰为例》，《华东师范大学学报》2017 年第 3 期。

第一章 帝尧神话叙事谱系

帝尧神话是几千年来围绕帝尧及其事迹而形成的神圣叙事。帝尧治国理政功绩在先秦典籍《尚书·尧典》中已有精彩表述，他开创的传贤不传子的禅让之道，被后世赞美和不断称引，成为流传最广的帝尧神话文本。

帝尧被尊奉为创世祖神，受到历代官方和民间社会的祭拜，与之相关的信仰仪式仍在今天延续着。同时各种绘画、雕塑、建筑、器物等图像景观，作为帝尧神话的物化载体，向外扩散或产生新的神话，也是帝尧神话现代转化的重要方式。其中，语言文本中的帝尧事迹，是帝尧信仰行为和景观图像生成的基础。

一、语言文本叙事

立足传世典籍文献，理解帝尧神话的历史文本，是解读帝尧神话叙事的第一步。然而关涉帝尧神话的古籍数量庞大，名目繁多。本书按照经书、子书、史书、地理典籍四个类别，在全面把握帝尧神话发展脉络的同时，择取其中对帝尧神话图像产生、发展影响较大的数种典籍，予以分析简述。

（一）经书生成的帝尧正统思想

经书以总括根本的书写能力，形成帝尧正统思想的宏大叙事。《尚书》在经书中的地位不容撼动。其中《尚书·尧典》一文通过"稽古"来追述帝尧功绩，树立了帝尧德治的典范。《尧典》开头就渲染了帝尧德治所达成的状态——"九族既睦，平章百姓。百姓昭明，协和万邦。"即亲睦自己氏族，辨明其他各族的政事，使邦国之间、民众之间变得和睦相处。在总述帝尧和谐德治之后，《尧典》详细分述帝尧的事迹。这些事迹主要包括帝尧治历、治水、禅让三个方面。

治历是对天象的控制，《汉书·律历志》记载："历者，天地之大纪。"[1]帝尧历象日月星辰，敬授人时。他派出羲仲、羲叔、和仲、和叔四位臣子，分赴东、南、西、北四方，去观察太阳四时的变化，制定了春秋夏冬四季，确立了一个太阳年加置闰月的历法周期。

治水是对地界的管理，依靠人力对水进行控制。帝尧的时代，洪水四处泛滥，连高山和丘陵都被包围了，"汤汤洪水方割，荡荡怀山襄陵，浩浩滔天"，水之势大可以想见。人们深受其害，不断传出叹息哀号之声，于是帝尧在四岳的建议下，决定任命鲧去治理洪水，可惜的是鲧并没有完成治水任务。虽然此次治水失败，但帝尧开启的治水之政，以及鲧堵塞洪水方法的失当，也为禹后来的治水成功铺垫了基础。

禅让是建立一种人间的秩序，体现出人人平等的观念，所谓"大道之行也，天下为公，选贤与能"[2]。帝尧在接任帝位的人选上，多方征求意见，从帝尧儿子丹朱、水师共工、四岳这些身边的人中选择，但他们都因德行不足不能继承帝位。对于处在社会下层的虞舜，帝尧从齐家与为政两个方面亲自考察，最终将帝位禅让给舜。由此看出帝尧选贤任能的过程和决心，他用人是开明的，选贤也是审慎的，"德"始终是他治理天下的标准。

孔孟经书尊奉帝尧为圣人，奠定了以帝尧为首的中国儒家道统文化。在孔子眼里，帝尧是敬天法天的圣人，《论语·泰伯》说："大哉尧之为君也！巍巍乎！惟天为大，惟尧则之。荡荡乎，民无能名焉。巍巍乎其有成功也，焕乎其有文章。"这是孔子概括帝尧成就伟大功业、制定礼仪制度之时，发出"大哉""巍巍乎"的由衷赞叹。

孟子继承孔子圣化帝尧的思想，通过阐述事理、增补细节来赞扬帝尧的仁德政治。比如《孟子·万章下》所记的尧试舜之事。孟子详细写道："尧之于舜也，使其子九男事之，二女女焉，百官牛羊仓廪备，以养舜于畎亩之中，后举而加诸

---

[1] （汉）班固：《汉书·律历志》，中华书局1962年版，第978页。

[2] （元）陈澔：《礼记集说》，上海古籍出版社1987年版，第120页。

上位。"这里，帝尧对待舜的诸种做法，是给予舜九男、二女、百官，以及牛羊仓廪，同时礼遇舜而举为上位。尧有九男、九男事舜之说亦由孟子首次提出。这些情节为《史记》等帝尧神话叙事所借鉴。

在孔孟的推崇下，帝尧已成为圣人明君的化身，能够领君臣之道、行仁义治国、最终得到天下臣民的认可。在《孟子·尽心下》中，孟子总结了从尧、舜至汤、文王、孔子诸圣的代兴和传承。到了宋代，程颐和朱熹等人重整儒家伦理，建构了始于帝尧的中国道统之说。朱熹等宋儒所宣扬的尧舜道统，不仅使孟子"人人可为尧舜"的理念具体化，而且以此来塑造个人的心性，规范人们的日常言行。帝尧的圣人地位得到巩固和更大的提升。

（二）子书发明的帝尧事迹

子书是以经书为底本或参照，结合各自的学术立场、思想主张，所进行的富有创见和自我风格的著述。各种思想著述在子书中产生，使帝尧神话的内涵趋于丰富，帝尧神话发展更加多元。

《山海经》是我国早期的重要神话地理著作，其中不少内容源自上古的神话传说资料，保留了许多神话的原始形态。就帝尧神话来说，其中所记帝尧葬地、帝尧儿子丹朱、帝之二女娥皇女英，以及命羿射日等，虽有奇异粗疏之处，但却反映了当时人们对帝尧事迹的最初认知，呈现出早期帝尧的独特形象，即是一位带有神性气息的天帝神祇，而非人间帝王。

在先秦学术政治化的理念影响下，帝尧的神性因素被淡化，古帝圣王逐渐成为帝尧的身份标志。先秦子书除了讨论帝尧禅让事迹外，更多地描写了帝尧劳顿奔走、俭苦治世的形象。《庄子·在宥》描绘了帝尧治政中的劳顿憔悴："尧舜于是乎股无胈，胫无毛，以养天下之形。"韩非子描绘的帝尧生活情节尤为具象化，《韩非子·五蠹》记载："尧之王天下也，茅茨不翦，采椽不斫，粝粢之食，藜藿之羹，冬日麑裘，夏日葛衣。虽监门之服养，不亏于此矣。"仔细分析，帝尧的日常饮食粗糙——"粝粢之饮，藜藿之羹"，居住条件简陋——"茅茨不翦，采椽不斫"，穿着俭约素朴——"冬日麑裘，夏日葛衣"，从居住、饮食到衣着，帝尧的生活如同"监门"的服养一样，过得十分辛苦。从这些描述中，我们看到的帝尧不同于后世帝王的优越尊显，而是处于艰辛、朴陋、困苦之中，如此一来，帝尧便被塑造成为勤政俭约的帝王典范。

到了汉代，儒、道、法、阴阳家的学说依然活跃，一些著述援引、创造帝尧事迹，在论说各自思想时增述了不少帝尧政事神话。《吕氏春秋》和《淮南子》综合以黄老道家思想为主的多家之学，为我们留下许多帝尧为政的神话故事。比如《吕氏春秋》申述《庄子》一书标举的许由、子州支父等高士，渲染了这些得道高士的高尚节操，强化了他们作为帝尧之师的身份。同时，《淮南子》首次详述了帝尧除六害的事迹：

> 逮至尧之时，十日并出，焦禾稼，杀草木，而民无所食。猰貐、凿齿、九婴、大风、封豨、修蛇，皆为民害。尧乃使羿诛凿齿于畴华之野，杀九婴于凶水之上，缴大风于青丘之泽，上射十日而下杀猰貐，断修蛇于洞庭，禽封豨于桑林，万民皆喜，置尧以为天子。于是天下广狭险易远近始有道里。①

这段文字包含了尧时旱灾、派羿射日及除六害的情节，为我们描绘出帝尧出任天子之前的一段社会政治生活。那时候，干旱的天气肆虐，庄稼不生长，人民食不果腹，又有奇禽怪兽毒虫的侵扰，民众生活极其艰难。面对这种情况，尧选用了后羿，命令后羿一步步地除掉害人之物，并射落九个太阳，天下秩序恢复，民众也过上正常的生活。这些无不展示出帝尧运筹帷幄、救民危难的魄力和胸襟。

汉代儒生不断阐发圣人理念，从政治伦理角度宣扬帝尧德行。董仲舒写《春秋繁露》，班固著《白虎通义》，他们通过政治哲学和宗教神学论证，使帝尧作为五帝世系法典化。陆贾、贾谊、刘向等学者，借帝尧之口作经世之论，倡导仁心施政的理念。贾谊在《新书·修政语上》中，记载了帝尧的一番言论："吾存心于先古，加志于穷民，痛万姓之罹罪，忧众生之不遂也。故一民或饥，曰此我饥之也；一民或寒，曰此我寒之也；一民有罪，曰此我陷之也。仁行而义立，德博而化富。故不赏而民劝，不罚而民治，先恕而后行。"这就是著名的帝尧"德音"，是帝尧的治世之道。

---

① 何宁：《淮南子集释》，中华书局 1998 年版，第 574—578 页。

（三）史传演绎的帝尧神话史事

史书是在相对客观的事件叙述中，来解释经书，并承担着存史、资政的功能。史传典籍中记载的帝尧神话故事，大多依据经书进行演绎，情节内容丰富复杂，形象生动可感，常常作为后世讲述帝尧故事的直接来源。

《史记》是二十四史之首，开篇《五帝本纪》描述的是帝尧在内的上古五帝事迹。司马迁搜集上古文献，又结合旧闻逸事，将帝尧的事迹精彩地呈现出来，可以说是帝尧神话的集大成者。具体包括帝尧的身世、尧制历法授民时、尧命鲧治理洪水、尧考验舜后禅位、尧使舜流四凶、尧的去世、尧子丹朱不得帝位。还需指出的是，《五帝本纪》对帝尧德行的十六字概括："其仁如天，其知如神。就之如日，望之如云。"仔细分析，这是将帝尧的"仁""知"比之上天、神灵，仿佛高不可攀，神不可及，又将帝尧带给人们的感受比为就日、望云，令人们乐于亲近，愿意追随。前八字是抽象的理性判断，讲帝尧的仁德和智慧，后八字便又回归现实生活，讲人们亲近帝尧的感受。这一概括掷地有声，既高度评价了帝尧的圣帝形象，又具有不断阐释的张力，可以据此解读帝尧的德行、言语、功绩，对后世产生了深远的影响。

西晋皇甫谧的《帝王世纪》是讲述帝尧神话的又一部重要史传著作，博而有据，自成体系。它在汉代纬书的基础上，系统地叙述了帝尧身世、出生地和世系。如帝尧从母所姓，即伊祁姓也，出生地在"三河之南"。又写尧母孕十四月而生尧于丹陵，"丹陵"是帝尧又一出生地。皇甫谧还将丹朱确定为妻子女皇氏之子，又增设其他九位庶子。另外，《帝王世纪》详细补充了尧为唐侯的政治经历，使得尧登帝位的故事更加充实有趣。

（四）地理典籍确立的帝尧神话地域

古代地理类典籍数量多，或是官修类书，或为个人撰作，涉及帝尧活动地域的有《尚书·禹贡》《山海经》《水经注》《括地志》《元和郡县志》等。由于帝尧神话发生的具体地域复杂多变，此处仅就典籍中出现频率较高的地理名称，从帝尧封地、都城、葬地、后代居地四个层面，尝试探讨历史上帝尧神话的基本发生区域。

1. 帝尧封地

帝尧封地是帝尧及其后裔世代生活的地方，也是帝尧本人的政治起兴地。地理典籍中常见的封地论争是围绕"唐"展开的。

《水经注·滱水》条下记：（唐城）"城北去尧山五里，与七十五里之说相符。然则俗谓之都山，即是尧山，在唐东北望都界……山南有尧庙，是即尧所登之山者也。"① 这是以河北唐县为帝尧的封地。

《括地志》中多见"唐""故唐城"的记载。通过《史记正义》所引《括地志》，我们看到"唐"地望的不同描述：

> 定州唐县东北五十四里有孤山，盖都山也。《帝王纪》云望尧母庆都所居。张晏云尧山在北，尧母庆都山在南，相去五十里，北登尧山，南望庆都山也。②
>
> 故唐城在并州晋阳县北二里。《城记》云"尧筑也"。[徐才]《宗国都城记》云："唐叔虞之子燮父徙居晋水傍。今并理故唐城。唐者，即燮父所徙之处，其城南半入州城，中削为坊，城墙北半见在。"③
>
> 故唐城在绛州翼城县西二十里。徐才《宗国都城记》云："唐国，帝尧之裔子所封。"……《地记》云："唐氏在大夏之墟，属河东安县。今在绛城西北一百里有唐城者，以为唐旧国。"④

从地域范围看，以上三段文字中的"唐"分布在两省三地。第一段文字指向河北唐县，同时讲到唐城附近的尧山、庆都山等山川风物，这与《水经注》记载基本一致。第二段文字用《城记》《宗国都城记》证明唐城在山西太原晋阳，此唐城为叔虞子燮父所徙之处。第三段文字则引用《宗国都城记》《地记》来论唐城在山西翼城一带，是以尧裔子的受封与世系发展来确定帝尧所居的唐城。

---

① 陈桥驿：《水经注校证》，中华书局 2007 年版，第 287 页。
② （汉）司马迁：《史记·秦始皇本纪》，中华书局 1982 年版，第 225 页。
③ （汉）司马迁：《史记·晋世家》正义，中华书局 1982 年版，第 1636 页。
④ （汉）司马迁：《史记·郑世家》正义，中华书局 1982 年版，第 1773 页。

2. 帝尧都城

帝尧都城是帝尧治理天下形成的政治中心，地理典籍多是将帝尧都城指向平阳。

《尚书·禹贡》指出冀州处于九州的中间，曾是尧舜的都城。"尧都平阳"说最早见于颜师古注《汉书·地理志》时所用东汉学者应劭的观点，应劭将"平阳"论定为"尧都也，在平河之阳"①。《后汉书·郡国志》"平阳"条下亦云："侯国，有铁，尧都此。"②

此后，《帝王世纪》通过引用《汉书·地理志》等，详细论述了帝尧确立都城的过程：

> 帝尧氏始封于唐，今中山唐县是也，尧山在焉……而《地理志》尧山在唐南山中，张晏以尧山实在唐北。《地理志》尧之都后徙涿鹿，《世本》云"在彭城南"，今上谷郡北自有彭城，非宋彭城也。后又徙晋阳，今太原县是也。于《周礼》在并州之域。及为天子，都平阳，《诗》于风为唐国。武王子叔虞封焉，更名唐。③

这实际上给出了帝尧从唐到平阳的迁徙路线，即从河北中山唐县的封地，迁徙到河北涿鹿，又迁徙到山西太原晋阳，最后定都在山西临汾平阳。后来的地理典籍多沿用此说。

3. 帝尧葬地

帝尧的埋葬之地在典籍中有狄山、蛮山、尧冢、尧陵、谷林等，这诸多地名将帝尧葬地指向了多个不同地域。

狄山作为尧葬地，最早见于《山海经》。相关记载有："狄山，帝尧葬于阳，帝喾葬于阴。"④"帝尧、帝喾、帝舜葬于岳山。"岳山郭璞注为狄山。⑤尧葬蛮山

---

① （汉）班固：《汉书·地理志》，中华书局1962年版，第1550页。
② （晋）司马彪：《后汉书·郡国志》，中华书局1965年版，第3397页。
③ （晋）皇甫谧：《帝王世纪》，辽宁教育出版社1997年版，第12页。
④ 袁珂：《山海经校注》，北京联合出版公司2014年版，第187页。
⑤ 同上书，第322页。

说，则出于《墨子·节葬》。不管是狄山或蛮山，都是以山陵为帝尧葬地，对应的具体地域不明，后世援引较少。

尧冢、尧陵、谷林这三个地名，常常与山东"成阳"同时出现于典籍中。《汉书·地理志》明确记载"成阳，有尧冢灵台"①。《后汉书·郡国志》"成阳"条："有尧冢、灵台，有雷泽。"②不仅地理典籍指出尧冢在成阳，《帝王世纪》也称"尧葬济阴成阳西北四十里，是为谷林"③。在"成阳"之后加"谷林"之名，是对帝尧葬地的具体补充，可备一说。

事实上，以成阳为中心，帝尧葬地具体方位的记载是相互矛盾的。除了《帝王世纪》中的"成阳西北四十里"外，后来的地理典籍也有不同论述。《水经注·瓠子河》曰："今成阳城西二里有尧陵，陵南一里有尧母庆都陵。"④这里首次使用"尧陵"之名，并将帝尧葬处确定为城西二里。《史记正义》引郭缘生《述征记》曰："城阳县东有尧冢，亦曰尧陵，有碑。"又引《括地志》云："尧陵在濮州雷泽县西三里。雷泽县本汉城阳县也。"⑤这是又指出帝尧葬处在城东或城西。典籍的不同记载使帝尧葬地的方位更加扑朔迷离。

4. 帝尧后代居地

帝尧后代居地是由帝尧儿子丹朱及其他后代居住、迁徙、活动而形成，包括帝尧封地、丹朱封地、丹朱流放地、尧裔孙刘累居地等。这在典籍中记载较为杂乱，相关的地理名称有丹水故城、丹朱避舜之房陵、尧山、唐乡等，主要分布在山西、河南、湖北、陕西一带。

丹水故城是丹朱的封地或流放地。《史记正义》引范汪《荆州记》曰："丹水县在丹川，尧子朱之所封也。"又引《括地志》云："丹水故城在邓州内乡县西南百三十里。丹水故为县。"⑥内乡县今属河南南阳市下辖县。

房陵又是一处丹朱避舜所居地。《今本竹书纪年》记载"帝子丹朱避舜于房

① （汉）班固：《汉书·地理志》，中华书局1962年版，第1571页。

② （晋）司马彪：《后汉书·郡国志》，中华书局1965年版，第3457页。

③ （晋）皇甫谧：《帝王世纪》，辽宁教育出版社1997年版，第12页。

④ 陈桥驿：《水经注校证》，中华书局2007年版，第574页。

⑤ （汉）司马迁：《史记·五帝本纪》，中华书局1982年版，第30页。

⑥ 同上书，第20页。

陵"①。古房陵的位置可见于《史记正义》引《括地志》，记曰："房陵即今房州房陵县，古楚汉中郡地也，是巴蜀之境。"②此房陵对应今湖北省房陵县。

刘累居地一说在鲁山县。《水经注·滍水》记载："尧之末孙刘累以龙食帝孔甲，孔甲又求之，不得，累惧而迁于鲁县，立尧祠于西山，谓之尧山。"③此处鲁县在唐代改名为鲁山县，在今河南省境内。

二、仪式行为叙事

仪式行为叙事与神话讲述相伴相生，是帝尧神话在社会生活中的一种华彩实践。这种实践是以帝尧信仰为核心，通过祭祀仪式、节庆庙会、民俗禁忌等形式，使帝尧神话有效融入其中，从而保持了帝尧神话的生命力。与此同时，由于帝尧神话的传承参与，各种信仰行为不断神圣化，被赋予与帝尧神话主题一致的崇德向善意义。

（一）国家祭祀帝尧的历史传统

历史上祭祀帝尧是国家政治生活的重要内容。《国语·鲁语》中有一段古代国家祭典的论述，提出了所祭祀对象的标准，"法施于民则祀之，以死勤事则祀之，以劳定国则祀之，能御大灾则祀之，能捍大患则祀之。非是族也，不在祀典"。又记载："尧能单均刑法以仪民，舜勤民事而野死……故有虞氏禘黄帝而祖颛顼，郊尧而宗舜。"这说明，帝尧能公正地运用刑法，对国家和民众做出过贡献，因而进入国家祭祀之列，受到历代正统的祭祀。

国祭帝尧有明确记载的是在汉代。据《汉书》记载，汉代是以"承尧运""得天统"立国的。④这是说汉朝上承帝尧治世，在历经一次次的政治更迭中，汉朝因符合循环终始的天道，最终接续了统治天下的权力。基于此，在汉代的政治体系中，帝尧具有政治先祖的地位，统治者自视为帝尧后裔，尊尧为

① 张玉春：《竹书纪年译注》，黑龙江人民出版社 2003 年版，第 98 页。
② （汉）司马迁：《史记·五帝本纪》，中华书局 1982 年版，第 229 页。
③ 陈桥驿：《水经注校证》，中华书局 2007 年版，第 722 页。
④ （汉）班固：《汉书·高帝纪》，中华书局 1962 年版，第 82 页。

祖，对帝尧单独祭祀。如：

> 汉光武帝七年五月，"诏三公曰：'汉当郊尧。其与卿大夫、博士议。'时侍御史杜林上疏，以为'汉起不因缘尧，与殷周异宜，而旧制以高帝配。方军师在外，且可如元年郊祀故事。'"①
>
> 汉章帝元和二年二月，"上东巡狩，将至泰山，道使使者奉一太牢祠帝尧于济阴成阳灵台。"②
>
> 汉安帝延光三年二月，"遣使者祠唐尧于成阳。"③

可以看出，汉代的帝王重视祭尧之事，多派遣使者以各种方式进行祭祀。实际上，国祭帝尧的实践是当时"汉家尧后"思想的生动注脚。此说在西汉时期生成，最早出现于西汉儒生眭弘的奏折中，他在给年幼的汉昭帝上书时，有"汉家尧后，有传国之运"之语，④此语简练而未注明所由来，可知汉代继尧而立国的观念已是"当时共信"，⑤流传很广了。这种学说将西汉政治与上古帝尧圣王联系起来，为汉代政权确立了一种正统性和合法性的解释，对汉代的统治非常重要。

在汉代国家祭尧的大传统推动下，一些地方政权和精英阶层积极参与，通过兴修尧庙、祭祀帝尧来宣扬政治教化，进一步强化了帝尧祭祀的正统性。东汉桓帝灵帝时期（147—189），山东济阴太守孟郁在地方上祭祀帝尧，他集本地乡绅之力，于成阳尧冢前修缮尧庙大殿，并带领成阳县诸官多次拜谒、祠祀帝尧。这些历史事件载之于汉代《济阴太守孟郁修尧庙碑》，从中可以看出帝尧受到主流阶层的尊崇程度。由于年代久远，碑石无存，所幸碑文收录于南宋洪适《隶释》一书中。（见图 1-1）

---

① （晋）司马彪：《后汉书·祭祀上》，中华书局 1965 年版，第 3160 页。
② （晋）司马彪：《后汉书·祭祀中》，中华书局 1965 年版，第 3183 页。类似记载见于（刘宋）范晔：《后汉书·肃宗孝章帝纪》，中华书局 1965 年版，第 149 页。
③ （刘宋）范晔：《后汉书·孝安帝纪》，中华书局 1965 年版，第 239 页。
④ （汉）班固：《汉书·眭两夏侯京翼李传》，中华书局 1962 年版，第 3154 页。
⑤ 钱穆：《两汉今古文平议》，商务印书馆 2001 年版，第 11 页。

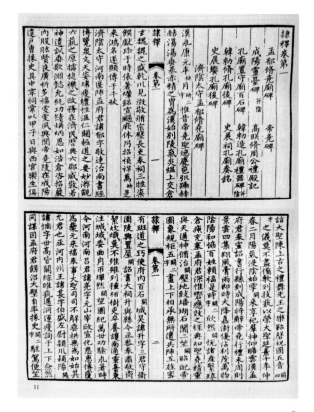

图 1-1　《隶释》中的《济阴太守孟郁修尧庙碑》文字 ①

　　到北魏时期拓跋集团当政，他们通过祭祀黄帝、尧舜等汉族祖先，以树立自己合法的统治地位。如北魏孝文帝时（471—499），国家在山西平阳祭祀帝尧。据《魏书》记载，太和十六年（492），孝文帝下诏祭尧，诏书曰："帝尧树则天之功，兴巍巍之治，可祀于平阳。"并令平阳地方官以清酒和干肉进行祭祀。② 太和二十一年（497），孝文帝驾临平阳，又遣使以太牢祭祀帝尧。③

　　隋唐宋金元明清时期，统治者亦以先代帝王之名祠祀帝尧，国祭帝尧成为一种政治传统。祭祀仪制也有相应的规定。如《宋史》记载，宋太祖乾德初年（963），下诏"本州长官"祭祀先代帝王，曰："先代帝王，载在祀典……唐尧、

① （宋）洪适：《隶释·隶续》，中华书局 1985 年版，第 11 页。
② （北齐）魏收：《魏书·礼志一》，中华书局 1974 年版，第 2750 页。
③ （北齐）魏收：《魏书·高祖孝文帝纪》，中华书局 1974 年版，第 181 页。

虞舜……各置守陵五户，岁春秋祠以太牢。"①帝尧是列入祀典的帝王之一，享受相应规格的祭祀。

（二）地方社会祭尧的信仰实践

在国家崇祀帝尧的大传统作用下，地方社会也积极互动，结合不同的文化传统和现实需要，形成历史上极具地域化的帝尧信仰实践。

第一，祭祀主体增加地方民众。这是说祭尧不仅是地方上层的行为，普通民众也加入祭祀活动。如上述《宋史》引文所说，国家祭祀帝尧由地方实施，诏令地方官为祀官，同时设置"守陵"住户。显然，至迟在宋代，国祭帝尧已普遍由地方阶层实施，民众也成为重要的祭祀主体，由此带来的是地方社会的集体信仰活动。北宋范仲淹有诗《谒帝尧庙》："江海生灵外，乾坤揖让中。乡人不知此，箫鼓谢年丰。"②说明乡村民众已经击鼓奏乐拜谢帝尧，成为祭拜的主体了。

第二，信仰对象的多元化。历史上祭祀的帝尧，存在三种信仰形式：圣王、祖先、神灵。其中祭拜圣王是国家正祀，这种祭尧方式在各地比较普遍。祖先之祀则限定在某些群体或特定区域空间，如帝尧出生地、亡葬地。

相比之下，神灵信仰的情况复杂一些，帝尧在神仙化过程中，通常被视为赐福的天官神，受到民间崇祀。然而在特定的地域传统中，帝尧神灵则转化为地方神，承担起降雨或保农业丰产的职责。如山西霍州陶唐峪尧祠，所祭帝尧即为司雨神。③而在山西长治北董村尧王庙中，帝尧就充当着农业神，主管地方的农业丰产。④

第三，信仰民俗内容丰富，主要包括庙会活动和民俗禁忌。传统庙会是以某一庙宇为核心，在神灵信仰基础上产生的群体性活动，因不同的环境、民俗、风物的作用，形成各地的特色庙会。民俗禁忌是由维护神圣物而产生的禁忌观念和规定，属于社会心理层面的民俗信仰，对社会成员的思维、行为具有强大的约束力。比如山西临汾尧都区伊村的茅茨土阶碑，被当作帝尧信仰的神圣物，受到当

---

① （元）脱脱等：《宋史·礼八》，中华书局 1977 年版，第 2558 页。

② （宋）范仲淹：《范仲淹全集》，李勇先等点校，中华书局 2020 年版，第 60 页。

③ 参见清嘉庆三年（1798）《重建玉泉寺碑》，碑存霍州市陶唐峪尧祠。

④ 参见阎爱英主编：《庙会》，山西经济出版社 1991 年版，第 81 页。

图 1-2　明代万历三十六年（1608）帝尧茅茨土阶古碑

地民众的尊奉。（见图 1-2）一旦发生亵渎古碑的行为，就是不遵守信仰的禁忌，不尊重帝尧神灵。这样的人不仅受到民众的道德审判，"也终会招致神灵的'报应'和惩治"。① 帝尧信仰在乡土社会的力量不容小视。

在当代，以帝尧信仰为中心的庙会也得到不同程度恢复。山西境内与帝尧信仰有关的传统庙会不少，如尧都区尧庙庙会、仙洞沟古庙会、尧陵庙会、绛县尧寓村庙会、翼城四圣宫庙会、清徐县尧城村庙会等。其中尧都区尧庙庙会曾名冠华北，2000 年地方政府恢复庙会传统，在新的社会背景下，尧庙庙会对于弘扬帝尧文化、振奋地方经济、丰富民众生活发挥了重要作用。（见图 1-3—图 1-5）

_____

① 据笔者在尧都区伊村的历次调查访谈。

图 1-3 庙会商贸
全景航拍（尧都区
文物旅游局提供）

图 1-4 庙会期间
尧都区政府祭尧

图 1-5 庙会上的康熙祭尧
表演（尧都区文旅局提供）

（三）文化旅游下的帝尧祖先认同

在国家的政策引领下，文化旅游产业已上升为一种战略产业，日益得到地方政府的重视。以帝尧文化为核心要素的帝尧文化旅游，也随之成为一些地域的旅游文化品牌，由此带动了当地旅游业和地方文化的双重发展。在这个过程中，帝尧祖先的身份不断强化，帝尧文化与地域之间的关系得以建构。

地方政府公祭帝尧，开展以祖先认同为核心的信仰实践，是发展帝尧文化旅游的重要举措。以山西临汾市为例，政府将公祭帝尧活动与地方商业、旅游发展相结合，希冀以寻根祭祖来带动商贸、开发旅游产业，这从 1999 年地方政府主持祭尧就已显示出来。彼时，经历大火焚毁的尧庙刚刚落成，在修复尧庙的过程中，古建文物及其承载的帝尧文化受到更多人关注，经过地方政府和学界的努力，尧文化的内在价值不断得到挖掘，帝尧的文明始祖与尧庙作为国祖庙的地位也得到确认，甚至在国家层面也获得一定的认可。比如时任中央政治局委员、中国社科院院长李铁映专门为尧庙撰写题记，① 充分肯定了帝尧地位和尧庙价值，以及政府主修尧庙的行为，这在很大程度上肯定了政府祭祀帝尧的合理性。

在国家和社会力量的参与支持下，临汾市政府于 1999 年 11 月 11 日在尧庙举行隆重的祭尧大典，又借机开展规模盛大的商业贸易活动，最终取得经济和文化的双重效益。在次年 2 月所立《重修尧庙碑记》中，记录了当时的情景：

> 十一月十一日，尧宫落成庆典暨大型祭尧活动隆重举行。古者平阳，万人空巷。炎黄子孙，慕名拜祭。八国友人，乘兴观瞻。尧庙内外，人潮如海。五天之中拜祭民众，几乎百万。商贸活跃，购销两旺，洽谈引资十二亿元。②

从碑文叙述可以看出，这是一场成功的帝尧文化实践，因为政府祭尧不仅合乎民意，满足了人们拜祭帝尧的情感需求，同时又顺应市场规律，刺激了商业贸易的发展。此后，地方政府持续祭尧，不断推进帝尧根祖文化与旅游深度融合，促进地方文化旅游的发展。尤其是近年来临汾尧陵的公祭帝尧大典，作为尧都文化旅

---

① 此题记共 510 字，写于 1999 年 10 月 11 日，已镌刻入碑，现存于尧都区尧庙内。

② 此碑现存于尧都区尧庙内。

图 1-6 临汾尧陵公祭帝尧大典之敬献花篮（刘维雅提供）

图 1-7 尧陵公祭帝尧大典之乐舞告祭（刘维雅提供）

图 1-8 尧庙内的中华唐氏宗亲祭祖大典

游节的重头戏，祭祀礼仪考究，形式趋于华美，不仅邀请国家或省市各阶层精英担任主祭，同时编创精美的乐舞艺术颂扬帝尧功德，由此打造了华人寻根尧祖的主祭坛，树立了良好的地方形象。（见图1-6，图1-7）

应该说，公祭帝尧和各种帝尧文化旅游节，是帝尧神话信仰实践的衍生形式。这种公祭行为，实际上是以帝尧祖先信仰和寻根情结为基础，在人们寻根谒祖前往祭拜之时，实现商贸投资或旅游观光的目的。当人们齐聚祖先圣地参拜帝尧，追念帝尧的神圣事迹，讲述帝尧神话故事时，崇圣的情感自然生发，地域的感知不断强化，经济和文化效应也会逐步显现。近些年来，宗亲祭祖的方式日渐盛行，这种由相同姓氏组成的血缘宗亲群体，同样是以帝尧祖先认同为前提，通过祭祀与祖先所在的圣地建立联系，进而开展交流合作的。比如唐氏宗亲在临汾尧庙举行的祭祖大典。（见图1-8）

三、景观图像叙事

景观图像叙事是帝尧神话叙事的又一重要形态。它主要借助景观、图像等物象，演述帝尧的历史功绩，展现帝尧的道德人格，这种直观可视的方式，可以触发人们不断讲述帝尧神话故事，增强一些仪式活动的在场感和神圣感，从而促进帝尧神话的传承和进一步传播。需要说明的是，这些实体化的景观图像，是帝尧神话与某些地域的历史、风物相联系而生成的，它们不仅具有相对独立的形象特征，而且在帝尧神话的稳定流传、适时重述和地域认同中发挥着重要的作用。

（一）帝尧神话景观图像的类型

帝尧神话所联系对应的实物、图像、景观等物化实体，可称为神话景观图像。依据帝尧神话景观图像生成的背景因素，可分为两种类型：人文景观图像、自然景观图像。前者以帝尧文献记载为基础，通过生产各种人文景观图像，意在建构本地的历史传统与帝尧文化内涵的关系；后者以多姿多彩的山川风物为底色，在大自然的浑然天成中融入帝尧神话情节，自然景观图像由此变得神圣动人，显示出独特的价值。

1. 人文景观图像

在帝尧神话传承的区域内，人文景观图像通常是已经存在并发挥作用的。尧庙是帝尧神话典型的人文景观，是后世祭祀帝尧的重要场所。

为了推动地方经济发展，21世纪初，许多与帝尧神话联系的人文景观图像被生产出来。比如尧都区尧庙内部及其周围的景观图像。在尧庙内部，地方政府进行大规模的修复，包括重塑帝尧像、新建尧典壁、尧字壁、围棋广场、增添仿文物石雕、悬挂有根祖字样的楹联等，这些人文景观建构了尧庙的根祖文化空间。（见图1-9—图1-13）

图1-9 尧庙尧典壁（尧都区文旅局提供）

图1-10 尧庙尧字碑廊（尧都区文旅局提供）

图1-11 尧庙围棋广场

图1-12 尧庙仿文物石雕龙盘（张海杰提供）

图 1-13　尧庙悬挂有根祖字样的楹联

图 1-14　尧都广场华表柱（尧都区文旅局提供）　　　　　　　图 1-15　尧都广场观礼台

图 1-16　尧都广
场千家姓纪念壁
（张海杰提供）

与此同时，在尧庙周围建设尧都广场，广场上也树立起一系列景观图像，有华门、尧都华表、观礼台、千家姓纪念壁等，意在构建帝尧文化圣地的认同。（见图 1-14—图 1-16）

2. 自然景观图像

带有文化印迹的山川风物，孕育了灵动的神话自然景观图像。那充斥于山间河谷平原的诸多物象，如一道道沟梁、一个个窟洞、一串石上足迹、一簇酸枣树、一株松柏、一汪潭泉、一口水井、一根石桩，都可能被赋予帝尧神话印记，参与帝尧神话景观图像的叙事。

以山西临汾仙洞沟为例。仙洞沟作为山西著名的风景胜地，这里的山石洞窟奇绝多姿，四时风光秀丽，帝尧与鹿仙女的神话故事在此上演，丰富的自然景观图像随之产生。这类景观包括马蹄铲、棋盘石、仙棺、梳妆台、仙镜石、仙磨

图 1-17 仙洞沟马蹄铲

图 1-19 仙洞沟仙棺

图 1-18 仙洞沟棋盘石

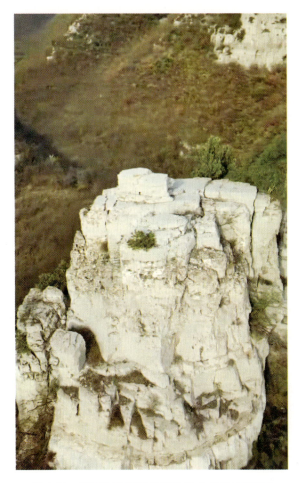

图 1-20　仙洞沟山顶的仙磨航拍（杨岭岭提供）

等。马蹄铲是帝尧上山骑马踩出的蹄印。棋盘石是山路旁绝崖上的一块巨大盘石，因尧王以围棋教育丹朱得名。仙棺是由鹿仙女之母丑姑的棺木羽化而成。梳妆台、仙镜石是鹿仙女梳妆打扮的地方。（见图 1-17—图 1-19）

特别一提的是仙洞沟的仙磨。在北仙洞一座山峰的顶巅，有一外形酷似磨盘的石头，当地称为仙磨。据说鹿仙女发明石磨，用它磨碾出黄澄澄香喷喷的谷物，改善了人们的主食，因此石磨也成为仙洞沟三宝之一。[1]（见图 1-20）

① 据 2018 年 2 月 8 日仙洞沟访谈杨焦杰。杨焦杰，尧都区姑射村人，仙洞沟文保员。

（二）景观图像叙事的特征

景观图像作为帝尧神话的载体，是人们留在大地上的活动印迹，本质上体现着不同社会文化的建构能力。因此，这一个个物象本身就是一种形象，也是一种能够产生传说故事的过程。其叙事特征表现在如下三个方面：

1. 历史性

历史性是帝尧神话景观图像叙事的基本特征。帝尧处于上古时代，相关的景观图像多是以追溯和纪念的方式，力图重现帝尧过去的种种事迹，突出帝尧在历史上的重要地位。从承载着历史信息的景观图像中，可以发现地方的历史和文化传统，展示帝尧神话在特定空间的意义生成。

就庙宇景观而言，历史性直接体现在建筑年代、空间布局和塑像上。以尧都区尧庙为例，这座建于唐代的庙宇，历代屡毁屡建，元明清时期达到相当规模。作为神圣的祭祀景观，尧庙空间格局经历多次变化，元代称为"光宅宫"，除了主供帝尧，配祀神灵是老君、玉皇。明代"更老君祠为舜庙，伯王祠为禹庙，阁则三圣并祀"，[①] 尧庙变成一座"三圣庙"。清代修建帝王的万寿行宫，与原来的三圣庙并立为四宫，并修复了体现帝尧功绩的建筑。这些变化，充分反映出国家和地方肯定帝尧圣人、宣扬儒家礼制的历史过程。

2. 重构性

在帝尧神话作用下生成的景观图像，通过演述帝尧的某种行为或特征，担负起重构地方文化的功能。究其原因，则是缘于神话为景观图像注入特定的内涵，使其产生除视觉之外的情感和价值力量，这些景观图像随之成长为重要的文化标志物，进而参与到地域建构的进程之中。

尧都区伊村是传说中的帝尧故里之一，这里流传着帝尧神奇出生、俭朴生活、凿井耕种等神话，[②] 与之相关的尧王台、古碑、尧王井都是帝尧神话叙事的载体。21世纪初，村西南的尧王台被辟为尧帝古居景区，景区内除以上的神话

---

① 明正德九年（1514）《增修尧舜禹庙碑记》，碑存尧都区尧庙内。

② 此类神话在当地妇孺皆知，基本情节是：帝尧出生于伊村，是尧母庆都受赤龙感化而孕生的。帝尧的妻子是鹿仙女，二人住在这里，过着俭朴的生活。帝尧开凿水井，解决了吃水和浇田的问题，还亲自指导耕种，让人们有一个好收成。

图 1-21　尧都区华门

图 1-22　河北唐县唐尧
公园内的尧戒雕塑

图像外，还新建了一些景观，如祭农坛、赤龙潭、茅茨外形的庙宇等，它们共同构成帝尧神话的景观图像。应该说，这些景观图像从内涵设计到建筑形制，乃至所移栽的酸枣树，①都投射了帝尧创世神话和信仰的影响，再现了帝尧的行迹和农业功绩，也建构了帝尧故里的神圣文化空间。

又如尧都区仙洞沟的景观图像。帝尧神话与仙洞沟山水相结合，生成的图像景观自成体系。这些图像在演述帝尧与鹿仙女的故事中，涵盖了五大主题，有尧王牧马景观叙事、鹿仙女身世景观叙事、鹿仙女创物景观叙事、尧王鹿仙女婚恋景观叙事、尧王家事景观叙事，它们之间相互联动互证，共同构筑了仙洞沟别样的景观叙事谱系，也为当地树立起智慧圣地和婚俗圣地的文化标志。②

3. 艺术性

神话景观图像从审美形式上看，是一个个造型别致、形象生动的艺术实体，帝尧神话正是借此向外扩散和传播。在当今的图像视觉时代，有特色的景观能够吸引客流，拉动消费，促进旅游和其他产业的兴盛。比如 2004 年落成的尧都区华门景观，外形采用门建筑样式，气势恢宏，象征着帝尧开启华夏文明之门，现已被评为国家 4A 级景区。（见图 1-21）又如河北唐县唐尧公园内的尧戒木雕，既是帝尧神话精神的时代体现，也是一种富有艺术气息的图像景观。（见图 1-22）

---

① 当地传说尧王夫人鹿仙女在此居住，因枣树上的弯刺挂住衣裳，就下令以后刺上不许长钩，因此当年的酸枣树也被保留在景区内。关于酸枣树与帝尧神话叙事的关系，详见第二章名物谱系部分。

② 参见张晨霞：《帝尧传说的景观叙事构成及意义——基于山西仙洞沟景观与帝尧传说互构的田野口述资料》，《楚雄师范学院学报》2020 年第 1 期。

第二章　帝尧神话图像叙事谱系

图像叙事以直观生动的形象，丰富的思想意涵，在帝尧神话叙事中不可或缺。把握帝尧神话的图像叙事，可从谱系的角度进行分析，具体包括图像的时间谱系、空间谱系、神族与名物谱系和内容谱系四个方面。

一、图像时间谱系

帝尧神话图像应该是伴随着神话的语言讲述而产生。按照人类思维发展规律，图像与语言是同步出现的，虽然尚未发现史前时期的帝尧神话人物图像，但是观念中的帝尧形象是不能忽视的。随着国家政治体制的成熟完善，记载帝尧神话的文献数量增加，所生产的帝尧图像越来越多，图像的内涵也日益多元化。

（一）先秦时期帝尧图像

先秦时期，帝尧的外在样貌没有获得关注，也没有形成独立的或自觉的样貌描写。这在很大程度上，与帝尧作为抽象的政治符号人物有关。如前章所述，文献中的帝尧从一出场就被塑造为治世的帝王，帝王的圣人道德因素又被过度强化，因此帝尧成为一位仰望不及、近乎完美的帝王，成为一种理想中和理念上的道德符号。在这个意义上，帝尧形象是一种开放性的存在，是表现德行的一部分。对于不同的写作主体来说，有着帝尧形貌的不同理想，或有意规避，或无意书写，即使有描述，也是一种思想的附属品。如《庄子》《韩非子》诸书，曾记载帝尧"股无胈，胫无毛""冬日麂裘，夏日葛衣"，这寥寥数语的描述并非着力写帝尧形貌，而是为了宣扬俭苦治世的思想而产生的，不能不说是一种形象的附会。

尽管缺少文献中的样貌描述，但出于推行政治教化的需要，周代的统治者仍借助图像方式来施行教化，在重要场所设置了帝尧等人的画像。彼时，尧舜圣明君主的画像，与桀纣暴君的画像，同时出现在明堂四个大门的墙壁上。《孔子家语·观周》记载孔子不远千里前往宗周观礼的史实，文中写到孔子在周朝所见："孔子观乎明堂，睹四门墉有尧舜之容桀纣之象，而各有善恶之状兴废之诫焉。"①明堂是国家进行重大事务的活动场所，通过善恶不同的帝王画像，达到教化和鉴戒的目的，体现周朝的礼乐文明程度。在孔子的眼中，明堂壁画中的帝尧有着"善之状"，以及在文治国家中的"兴诫"，由这些体现善恶的图像，彰显了周朝兴盛的礼乐制度。虽然帝尧画像模样已不得而知，但是以帝尧图像进行教化的方式，却切实地影响了周代及以后的国家治理。

以上可知，先秦时期帝尧画像缺失，已不可考。但从神话图像谱系的角度讲，帝尧的图像却以独特的考古实物方式存在着。这就是山西陶寺考古中的文物图像。随着史前考古发掘的不断探索，帝尧神话所对应的遗址文化越来越清晰，在许多学者看来，山西陶寺文化遗址与典籍中记载的帝尧都城最契合，是目前可以确认的我国最早的都城。2015 年 6 月 18 日，中国社科院在国务院新闻中心举行"山西陶寺遗址发掘成果新闻发布会"，发布会介绍陶寺遗址极有可能就是帝尧都城，临汾陶寺是最早的"中国"，②再次将陶寺遗址与帝尧文化展示于世人面前。（见图 2-1）因此，从陶寺文化遗存出发，分析这些考古文物的内涵，发现其中蕴含的帝尧文明特质，这对于把握先秦帝尧图像是不可或缺的，对于推动帝尧神话与中华文明的研究亦不无裨益。

（二）汉代帝尧图像

汉代实行文化大一统，以儒学治国，极大地推动了帝尧图像在民间的兴盛。汉代帝尧图像蔚为壮观，可以说是帝尧图像发展历史上的第一个高峰。

---

① 王盛元：《孔子家语译注》，上海三联书店 2012 年版，第 148—149 页。

② 此新闻发布会在 2015 年 6 月 19 日《光明日报》头版刊登，标题为《尧都从传说走向信史——陶寺遗址考古成果发布》。之后，人民网、中国社会科学网、新浪网、华夏经纬网等多家媒体转载，引起社会关注和热议。

图 2-1　山西陶寺遗址现场（襄汾县委宣传部提供）

1. 自觉追求帝尧相貌体征

典籍文献中着意描述帝尧相貌，可追溯到汉代。如《淮南子·修务训》记载："尧眉八彩，九窍通洞，而公正无私，一言而万民齐。"《尚书大传》记载："尧八眉，舜四童子。八者，如八字也。"这是从帝尧的眉毛细部入手，采用想象与夸张的修辞手法，描述帝尧不同常人的异貌。帝尧的眉部为"眉八彩"或"八眉"，这一特殊的相貌特征，意在使帝尧圣人化，将其从普通人中区分开来。

如果说上述的帝尧相貌归于圣人一类，在汉代纬书中，帝尧形象则变得神异玄虚，样貌描写也更加细致具体。兹举条目如下：

《尚书中候握河纪》：（帝尧）"眉八采，鬓发长七尺二寸，圆兑上丰平，足履翼宿。"

《春秋合诚图》："尧面八彩，谓八位皆有光彩。"注云："彩色有八者非。"

　　《春秋合诚图》："丰下兑上，龙颜日角，八采三眸，鸟庭荷胜，琦表射出，握嘉履翌，竅息洞通。"①

此处，从头至足的样貌描写以及一些特殊语词的运用，应用了星象学和相面术的思想，意在营造神秘、特异、高贵的帝尧形象。翼宿是二十八星宿之一，因居朱雀翅膀之位、形如张开的鸟翼而得名。帝尧的足下踩踏翼宿星，犹如鸟儿展翅飞翔，有上升腾飞之义，象征人间所居的高位。从相面术来讲，帝尧的脸面下宽上窄，额骨中央隐隐隆起，起状如日，突起明亮，眉毛油润而有多种色彩，光芒四溢，这些都是贵相的标志。纬书将帝尧从原来的圣人进一步神化，在星象和相面思想的共同作用下，塑造了富有神性的帝尧形象。

　　2. 帝尧图像的鉴戒作用

　　汉代继续借用尧舜画像进行教育鉴戒，在朝廷宫苑中仍可看到帝尧等古代帝王画像。《汉书》中记载士大夫杨恽的事迹，一次他与乐昌侯王武一同观看西阁上的人像画，"画人有尧舜禹汤不称，而举桀纣"②。这是讲杨恽从众多画像中挑出桀纣，指着这些历史上的昏君画像说，天子经过这里时，问起这些人的过失，就可以学到很多东西。这个细节也说明，尧舜圣帝图像的教育功用是得到人们默认，不用言明的。

　　东汉明帝在位期间（58—75），以帝王身份直接促成帝尧等画像的产生。他专门设立画宫，绘制包括伏羲、帝尧在内的诸多圣贤图，充分体现出圣贤画像的政治参与作用。唐代张彦远《历代名画记》记述了画像生成的过程："汉明帝雅好画图，别立画宫，诏博洽之士班固、贾逵辈取诸经史事，命尚方画工图画谓之画赞。至陈思王曹植为赞传。"③汉明帝不仅有促成画像之功，还有观赏帝尧画像的逸事，三国时期曹植据此创作《帝尧赞》，并在《画赞序》中记载了汉明帝观画：

---

　　① ［日］安居香山、中村璋八辑：《纬书集成》，河北人民出版社1994年版，第423、765、765—766页。

　　② （汉）班固：《汉书·公孙刘田王杨蔡陈郑传》，中华书局1962年版，第2891页。

　　③ （唐）张彦远：《历代名画记》，中州古籍出版社2016年版，第12页。

尝从观画，过虞舜之像，见娥皇、女英，帝指之，戏后曰："恨不得如此人为妃！"又见前陶唐之像，后指尧曰："嗟乎！群臣百寮恨不得戴君如是。"帝顾而笑。

这是汉明帝与马皇后一同在宫中观画的趣事。当汉明帝指着娥皇女英像，表达倾慕之意后，他的皇后适时地借用帝尧像，对明帝的政治言行予以规范，并暗含了帝王治理国家的政治目标。饶有意味的是，汉明帝对此"顾而笑"，可看作是对帝尧画像内涵价值的默许。由此可见，汉代统治阶层极为重视帝尧圣贤的画像，观帝尧画像，犹如接受一次圣贤精神洗礼，对古代君臣具有重要的政治教育意义。

3. 汉画像石中的帝尧形象

上层统治者对帝尧图像道德内涵的推崇，自然催生地方社会去刻画帝尧像，具体表现在汉画像石刻和铜镜中。汉画像石是两汉时期刻画在墓室或陵园建筑上的石雕图像，表现内容丰富，古代神话人物和历史人物占有一定的比例。汉画像石中帝尧，是以圣贤古帝来定位的，是现存最早的帝尧人物图像。

著名的武梁祠出土于山东嘉祥县，祠内刻有数十幅历史故事图，影响较大的是武梁祠西壁的画像。（见图 2-2）在西壁的第二层，刻着上古三皇五帝人物图像，左起第四位帝王是帝尧。（见图 2-3，图 2-4）图中的帝尧侧身站立，头戴冠冕，面向右，两臂屈起，左手伸出向右方。像左侧的榜题为："帝尧放勋，其仁如天，其智如神，就之如日，望之如云。"这二十个字赞语出自司马迁《五帝本纪》。除了武梁祠的帝尧立像，汉画像石中也有讲述帝尧故事的，且多与舜的政治故事相关。不论汉画像，抑或铜镜，均映射了当时社会认同的帝尧圣君形象。

综合观之，汉代出现的帝尧图像与当时思想观念密切相关。汉代统治者自居为"尧后"，大力推行独尊儒术之道，帝尧作为古圣先贤，承载着道德教化的功能，帝尧的图像随之大量出现。从上层宫廷，到地方民间，图像区域分布广泛，艺术水平也达到相当高度。这些汉代图像与帝尧文献叙事相互印证和补充，不仅从德行和功绩上肯定帝尧，将帝尧事迹形象化，更为重要的是，人们借帝尧图像满足现实人生的不同需求，具有相当实用的目的。

图 2-2 山东武梁祠西壁画像 ①

图 2-3 帝尧武梁祠
汉画像石拓本 ②

图 2-4 帝尧武梁祠汉画像石复原图 ③

（三）魏晋至唐时期帝尧图像

魏晋至唐传世的帝尧画迹尽管不多，但从各种典籍文本中，仍可追寻这一时期帝尧图像的流变特点。一是沿袭前代传统，将帝尧画像布置于宫室朝堂之上，

① 顾森主编：《中国汉画像拓片精品集》，西北大学出版社 2007 年版，第 58 页。

② 容庚：《汉武梁祠画像录》，北平考古学社 1936 年版，第 3 页。转引自巫鸿：《武梁祠：中国古代画像艺术的思想性》，三联书店 2015 年版，第 269 页。

③ （清）冯云鹏、冯云鹓：《金石索》，清道光元年（1821）刊刻，图 3.13。转引自巫鸿：《武梁祠：中国古代画像艺术的思想性》，三联书店 2015 年版，第 269 页。

继续发挥其圣帝明王形象的政治效应。二是《山海经》中的帝尧神话图像在晋代以后传播开来。

1. 帝尧图像的宣教实践

曹魏统治时期，经学整体呈衰微之势，但儒家正统观念已产生广泛社会影响。在魏国的宫殿内，绘制了古代圣贤的壁画，正如西晋文学家左思《魏都赋》所述："丹青焕炳，特有温室。仪形宇宙，历像贤圣。图以百瑞，绫以藻咏。"这里的"历像贤圣"，是说魏宫展示了不少圣贤画像，而"藻咏"则是配饰这些画像的诗文，即题画赞。唐代李善曾明确指出，"鸣鹤堂之前，次听政殿之后，东西二坊之中央有温室，中有《画像赞》"①。画赞由曹魏文坛领军人物曹植在东汉建安年间（196—220）创作，以四言韵文的形式，歌颂了黄帝、尧、舜等古圣先贤，《帝尧赞》是其中一篇。经历时代更迭，魏宫中帝尧等画像已不见踪迹，而这一组画赞却伴着曹植的作品传至今日。

一般而言，题画赞是配合画像而作，在对画中事物的赞美和感叹中，说明和补充绘画的内容。曹植《帝尧赞》既是有感于汉明帝画宫中帝尧像的吟咏，也是他给魏国宫室的帝尧像所作的注解和内涵提升。《帝尧赞》说："火德统位，父则高辛。克平共工，万国同尘。调适阴阳，其惠如春。巍巍成功，则天之神。"②此赞的辞句文约意广，充分颂扬了帝尧效法上天、治理国家的事迹，并由此将帝尧推上神灵的地位。

东晋以后，帝尧古圣帝王的图像继续出现在宫殿内，成为统治阶层政治生活的重要参照。东晋十六国的西凉开国君主李暠，字玄盛，在都城敦煌南门外敕建靖恭堂，并在殿内绘制画像，以实施政治教化。《晋书》中记载："图赞自古圣帝明王、忠臣孝子、烈士贞女，玄盛亲为序颂，以明鉴戒之义。"③虽然画像、图赞、序颂均已佚，但李暠所受的儒家传统教育，以及任人唯贤、追求统一的政治实践，使我们有理由推断，帝尧应是图赞中的古圣帝之一。

北魏孝文帝统治时（471—499），在都城平城修建了皇信堂，在这座宫殿四周，绘制了古代圣人忠臣烈士的肖像。据《水经注·漯水》记载："（皇信堂）堂

---

① （梁）萧统：《文选》，李善注，中华书局 1977 年版，第 100 页。
② 傅亚庶：《三曹诗文全集译注》，吉林文史出版社 1997 年版，第 836 页。
③ （唐）房玄龄等：《晋书·凉武昭王李玄盛传》，中华书局 1974 年版，第 2259 页。

之四周，图古圣、忠臣、列士之容，刊题其侧。"[1]在宫殿建筑上绘制壁画，是地理学家郦道元亲历所见，此种图景当是触动了郦道元心弦，才让他不惜笔墨，留下如此珍贵的图像文献资料。孝文帝大力推行汉族传统制度，尊奉崇祀帝尧，且宫殿是仿曹魏式样而建，由诸种行为推知，古圣画像应当包含帝尧。

隋唐时期，统治者推崇帝尧，奉行儒家治世之道。比如唐太宗倡导圣王之道，对唐虞之至治流连赞叹（《金镜》），不能已已。然而帝尧等古帝图像在统治集团的存在情况，未见明确的文献记载，只能留待以后讨论。

2.《山海经》中的神话图像

《山海经》是古代的一部神话地理著作，在成书之时，是先有图画的。先图后经的说法，是宋朱熹、明杨慎、清毕沅等学者的主张。近世地图学家王庸也认为："现存的《山海经》，原来是有图的，'经'不过是'图'的说明或注脚。"[2]也就是说，山海经图是一直存在的。到了晋代，郭璞依据所见的山海经古图，首次创作了《山海经图赞》[3]。虽然古图早已无考，但我们却可以通过郭璞的《山海经图赞》，反观晋代《山海经》中帝尧神话图像的存在情况。

《山海经图赞》中有关于帝尧葬地神话的赞辞。《山海经·海外南经》记载："狄山，帝尧葬于阳，帝喾葬于阴。"[4]郭璞图赞《狄山》曰："圣德广被，物无不怀。爰乃殂落，封墓表哀。异类犹然，矧乃华黎。"[5]此图赞显然是从狄山葬地联系到帝尧等古帝，进而吟咏古帝的功德。这可从郭璞注解"狄山"经文予以印证，注文是："按帝王冢墓皆有定处，而《山海经》往往复见之者，盖以圣人久于其位，仁化广及，恩洽鸟兽，至于殂亡，四海若丧考妣，无思不哀。故绝域殊俗之人闻天子崩，各自立坐而祭酹哭泣，起土为冢，是以所在有焉。"[6]由此看出，郭璞的《狄山》图赞既肯定帝尧和帝喾的圣德功绩，又衍伸出狄山葬地形成

---

[1] 陈桥驿：《水经注校证》，中华书局2007年版，第313页。

[2] 王庸：《中国地图史纲》，三联书店1958年版，第1页。

[3] 注：此图是东汉至东晋期间，以《山海经》为题材而创作的"组画"。参见朱玲玲：《从郭璞〈山海经图赞〉说〈山海经〉"图"的性质》，《中国史研究》1998年第3期。

[4] 袁珂：《山海经校注》，北京联合出版公司2014年版，第187页。

[5] （晋）郭璞：《足本山海经图赞》，张宗祥校录，古典文学出版社1958年版，第32页。

[6] 袁珂：《山海经校注》，北京联合出版公司2014年版，第189页。

的过程，即他们死后，当地民众为寄托哀思而就近封墓。可以说，图赞的背后一定有帝尧葬地的神话图像。此外郭璞图赞中还有丹朱和尧之二女的赞辞，足见当时帝尧神话图像在山海经图中的存在状况。

自晋代郭璞之后，东晋陶渊明写下"流观山海图"诗句，南朝梁代成就最高的画家张僧繇重绘《山海经图》，这些均体现出历代文人对山海经图像的重视。随着山海经古图的流传，帝尧神话图像也随之传播开来，到明清时期，山海经图的创作进入高峰，丹朱和二女的图像也出现了诸多版本，营造出神奇瑰丽的神话世界。

（四）宋元时期帝尧图像

宋元的绘画艺术繁荣发展，传统的写实绘画能力获得极大提升，写实技巧已达到巅峰。对于帝尧人物画而言，宋代画家在写实之中刻画性情和神态，讲求形神兼备，所创作的帝尧肖像供人瞻仰，成为后世摹写的经典范本。除了传统的手工绘画，宋元时期也出现了雕刻版印出来的帝尧图像，称为版画。

1. 传统人物绘画

宋代的人物画成就得益于宫廷画家的推动。宋代朝廷专门设立画院，网罗了一批长于画人物的画家，他们钻研绘画写实技法，推动写实这种绘画形式趋于完善。南宋马麟绘制的帝尧端立人物画像，就是一个标志性成果（具体分析见第三章）。

2. 帝尧肖像版画

宋代的帝尧人物版画也颇具特点，出现了帝尧半身肖像画。此类版画通常是图文左右对应，雕刻线条清晰，文字部分简述人物姓名字号及事迹，品评公允。《历代帝王名臣像》所收帝尧图像，是一幅侧面半身像。（见图2-5）赞文先介绍帝尧名号，后赞扬帝尧品行、治世及"荐舜于天"的禅让行为。细观此像，帝尧头戴精致的冠冕，冠两侧垂挂着玉瑱，额下系朱缨以固定冠冕。服饰也比较考究，右衽交领冕服，方心曲领，束大带佩绶，衣上还饰有卷云山川纹，这些精美的冠冕佩饰体现出帝王的尊贵身份。从形貌来看，帝尧须眉长厚，神情严肃，额头与眼角的细纹刻绘清晰，俨然一位勤勉仁厚的帝王。此像线条精细流畅，人物造型典雅含蓄，但过多的衣饰和过细的面纹，却使这一形象难以获得后世的认同。

图 2-5　宋代帝尧肖像版画 ①

　　日本庆安四年（1651）刊刻《历代君臣图像》一书，在我国境内似乎没有流传下来。（见图 2-6）据学者研究此日刊本的成书过程，认为此书是据朝鲜的活字版覆刻而成的仿刻本，朝鲜本在明嘉靖年已在朝鲜刊行，而当时朝鲜国的活字版常以中国刊本为字本。② 根据书前的三篇序文及所收图像时代等因素，可以推知此书中的帝尧像或在宋元时已产生。所集图像的体例是前页为肖像，后页为人物略传。帝尧为半身像，戴冠，方心曲领。面部是八分像，眉目清秀，平视前方，两耳阔大，须发精细，神情庄重肃穆。肖像右上题"帝尧"二字，整个肖像版面非常简洁、干净。后页刊刻帝尧传略有百余字，主要赞扬了帝尧的功德。

　　客观地说，宋元两代的帝尧图像，不管是传统绘画还是人物版画，存世数量都比较有限，但宋代绘画艺术的成就和印刷技术的发明应用，足以确立宋元时期帝尧人物图像的重要地位。从中国绘画和版画人物图像的艺术传统来看，这一时

---

① 《历代帝王名臣像》，载郭磬编：《中国历代人物像传续编》，齐鲁书社 2014 年版，第 425 页。

② 郑正浩：《关于冈山大学所藏池田家文库珍贵汉籍——兼谈〈历代君臣图像〉的由来》，《第一届中国域外汉籍国际学术会议论文集》，台湾联经出版事业公司 1987 年版，第 397—400 页。

图2-6　宋元帝尧肖像版画 ①

期的帝尧图像直接影响到后来的版画创作，这在明代、清代的翻刻本中均有体现。正如郑振铎在《历代人物像赞》跋中指出，明代朱天然《历代古人像赞》、清胡敬《南薰殿图像考》中帝尧等刻本，"好像都是由元代的一种本子传下来的"。②这种绘刻作品之间的流传承继关系，也在某种程度上反映出宋元时代帝尧人物画像的发展情况。

（五）明清民国时期帝尧图像

　　明清民国时期，帝尧神话图像的数量激增，表现内容更多元，艺术形式更加成熟，是帝尧神话图像发展史上的又一个高峰。

　　从内容上看，此时期最显著的变化是出现世俗化的帝尧神话图像。这类图像是帝尧神话与信仰、仪式等世俗生活结合而产生的，包括帝尧神像版画、庙会风俗画以及庙宇图像。其中版画艺术发展迅速。明清时期，由于绘刻工艺完善和版画本身的传播优势，帝尧人物版画发展进入黄金阶段。不管是从内容题材的丰富

---

① ［日］《历代君臣图像》上册，日本庆安四年（1651）刊刻，第7页。

② 郑振铎：《中国古代版画丛刊》，上海古籍出版社1988年版，第488页。

性，还是刊刻技艺的表现力，都达到较高的水平。此时的帝尧人物版画不仅有单幅肖像画，还出现了帝尧神话故事画以及帝尧天官木版年画。

1. 肖像版画与故事版画

明清以来，帝尧人物版画继续发挥圣贤图像的美善教化功能，这不仅表现在传统帝尧肖像版画上，也体现在帝尧神话故事画中。

（1）帝尧肖像画

帝尧肖像画主要保存在诸多明清刊刻的人物图录中，目前可见的图录有《历代古人像赞》(明朱天然)、《古先君臣图鉴》(明潘峦)、《历代圣贤像赞》(明胡文焕)、《历代圣贤像赞》(明孙承恩)、《南薰殿图像考》(清胡敬)、《历代帝王圣贤名臣大儒遗像》(清代)等。其中，《历代古人像赞》由明代朱天然根据旧本《历代古人图像》撰赞，刊刻于弘治十一年（1498），是明代刊刻时间最早的版画人物肖像集。

（2）帝尧神话故事画

神话故事画是按照故事情节来排布构图，借以表现帝尧的事迹和功德。明清时期出现专门刻制的帝尧事迹版画，此版画通常是与其他古帝事迹图结集刊印的，如明代张居正《帝鉴图说》(分析详见后文)。另有一类版画数量可观，在当时更为普遍，即小说、经书中的帝尧故事插图，如明余象斗《列国前编十二朝》（又名《新刻按鉴通俗演义列国前编十二朝》或《列国前编十二朝传》)、明周游《开辟衍绎通俗志传》（又名《开辟演义》)、明钟惺《盘古至唐虞传》（又名《盘古志传》)、清吕抚《廿一史通俗衍义》（清光绪时改题《廿四史通俗演义》)、清萧从云、门应兆《离骚全图》、清孙家鼐《钦定书经图说》[①] 等。

2. 神像版画与庙会风俗画

帝尧神像版画与庙会风俗画都属于世俗化的帝尧神话图像，皆与帝尧信仰相关。

（1）帝尧神像版画

明清之际，帝尧与舜禹被神化为道教神灵，合称为三官。三官信仰属于民间信仰，起源很早，本指天地水三位自然神，后来逐渐人格化，形成很多说法。尧

---

① 《钦定书经图说》成书于清光绪三十一年（1905），是为《尚书》全文配绘的插图集，由官方组织编纂，故名。为了研究利用之便，《钦定书经图说》中全部图像（少数图表性插图不予收录）由上海书店出版社在 2001 年重印，并为每组图像增加篇名，是为后文提及的《尚书图解》一书。

图 2-7　清代帝尧神像版画 ①

———————————

① （清）徐道：《历代神仙通鉴》，张继宗、黄掌纶同订，清康熙三十九年（1700）刊刻，"神仙鉴像"。

舜禹帝王对应三官是其中一种说法①，由清代徐道辑录的《历代神仙通鉴》一书中提出。徐道认为尧舜禹因治理天下之大功，而被元始天尊敕封为三官大帝，尧舜禹分别称为天官、地官、水官。在此书康熙年间（1662—1722）刊刻本中，绘制了帝尧、帝舜、帝禹三像，展现了他们作为三官的神采气韵，又勾勒出神仙世界的辽远静谧。（见图 2-7）画中尧舜禹聚集于林下清景之中，分别端坐于青石台上，均束发戴冠，长髯，文质彬彬，温和恭谨。

在明清和民国版画中，除了尧舜禹三官神像同时出现，也有单独表现帝尧天官的神像，常见的是天官赐福版画。尧舜禹三官之中，天官为尊，也称上元一品紫微大帝，主管为人间赐福。天官有时也被看作福神，这更强化了人们祭拜天官的意愿。民间刻绘天官赐福木版年画，正是为了表达祈福驱灾的愿望。

（2）尧庙庙会风俗画

尧庙庙会风俗画一般包含祭祀、娱神表演、商贸交易等内容，展现的是以尧庙为中心的庙会活动的场景，由此反映出明清时期庙会的发展及其社会功能。现藏于临汾市博物馆的清代尧庙逢会图最为典型（分析详见第三章）。

3. 庙宇图像景观

明清时期，祭祀帝尧的庙宇日渐增多，除了皇家敕建，更多的是地方性庙宇。庙宇内的帝尧塑像、壁画、雕塑、建筑、器物等基于帝尧神话而产生，都属于庙宇图像景观。

（1）皇家敕建庙宇图像

这类庙宇图像的教化功能明显，以北京历代帝王庙为代表。此庙宇由明清皇室兴建，集中供奉着三皇五帝和历代帝王。帝尧作为五帝之一，是主要的祭祀对象，后文有专门讨论。

（2）地方性庙宇图像

地方性庙宇图像灵活多样。查阅多种明清县志，可以看到乡土背景下，帝尧庙中的神像、壁画、建筑布局等，不再局限于史传等文献，而是结合本地的历史地理、文化传统和风土习俗，表现出明显的地方化特征。

---

① 关于三官神来历有多种，以尧舜禹对应三官之说比较晚出。参见雷伟平：《上海三官神话与信仰研究》，中国言实出版社 2016 年版，第 13—26 页。

比如山西霍州陶唐峪尧祠，是明嘉靖年间（1522—1566）知州禇相将原先的玉泉寺改建为尧祠，其依据是帝尧在此立宫避暑的神话故事。文水县平陶村的唐尧庙，是明天启年间（1621—1627）知县米世发创建，因以文水县为帝尧做唐侯时的封国，故修庙以表达对帝尧圣人德化的希冀。平遥县帝尧庙是清康熙年间（1662—1722）知县王绶创修，中殿祀帝尧，中殿以上起阁，塑三皇古帝之像，以宣扬儒家的道统。

综观明清民国时期的帝尧图像，可以看出世俗化帝尧神话图像的快速发展。这些图像主要由民间画工创作，他们基于更广大民众的生活经验，对地方风俗和民众的情感世界给予深切的表现。这种图像题材是过去的文人绘画较少涉猎的，不仅有助于我国绘画艺术的全面发展，同时能反映出民众的文化认知和精神追求，体现着图像建构地域文化的能力，具有重要的研究价值。

二、图像空间谱系

图像的空间是一个历史建构。它是在历史时间的轴线上，由多种因素交织作用而生成的。马克思指出："空间是一切生产和一切人类活动的要素。"[1] 因此，图像空间并非静态的、被动地展示图像，而是能够积极地反映出图像的生成过程和地域特色。

帝尧神话图像的空间是基于帝尧神话的地方化而生成的。如袁珂所说，神话在狭义的历史文本叙述基础上，与地方风物、民情风俗、宗教、历史相结合，生成广义的神话文本，这是中国古代神话发展演变的一条途径。[2] 循此，在特定地域中，人们会结合各自的历史传统和地理风貌，对本地域产生、流传和传播的神话进行景观的生产和创造，由此生成一个个神话图像空间，所生产的景观也往往成为该地域的文化标志物。

从帝尧神话图像空间分布来看，核心地域与本书第一章地理典籍所载基本一致，主要指向黄河中下游地域，对应着山西、河北、山东、河南、陕西五省，同

---

① 《马克思恩格斯文集》第 7 卷，人民出版社 2009 年版，第 875 页。
② 袁珂：《中国神话通论》，巴蜀书社 1993 年版，第 32 页。

时江苏、湖北、湖南、广西等地也有帝尧神话图像传播。每一个图像空间都包含若干不同的图像景观，体现出不同的地域特色。

（一）山西帝尧神话图像

山西是帝尧神话叙事的核心地域，从神话的流布、主题、图像的表现形式，都是非常典型的。这里自古表里山河，总地势为两山夹一川，东边太行山，西边吕梁山，汾河纵贯南北，形成多个断陷盆地。帝尧神话就是以临汾盆地、运城盆地、上党盆地、太原盆地为中心，形成了晋南、晋东南、晋中三大帝尧神话文化空间。

山西的帝尧神话流传久远，在多元主题的讲述中生成丰厚的帝尧神话图像。这些图像包括人文景观图像和自然景观图像，总体特点是有历史的纵深感，又能表现出地方信仰和根祖文化的小传统，同时涉及帝尧的亲族贤臣和多种名物。

1. 晋南帝尧神话图像

晋南是指山西南部区域，包括临汾市和运城市。这里地处汾河下游，上古文明灿烂，文化底蕴深厚，历史地位重要。唐孔颖达在为《尚书》作疏时称："冀州统天下四方，尧都平阳、舜都蒲坂、禹都安邑。"①这是说尧舜禹在冀州地域上建立的古都，皆归属晋南一地。晋南走过辉煌的过去，留下了丰富的帝尧文化资源，既有陶寺遗址、尧庙、尧陵、仙洞沟等文物，也有零星分散的自然风物、村名地名等遗迹，还有源远流长的帝尧神话和文化传统。他们多数是以图像景观的方式存之于世的。这些图像景观作为帝尧神话的中心点和纪念物，演述了帝尧出生、婚娶、生子、征战、治国、访贤、禅让、去世等事迹，展示出帝尧的华彩人生，也建构了晋南帝尧文化圣地空间。

（1）尧都区神话图像

尧都区是临汾市政府所在地，古称平阳，隋代始称临汾，之后多用临汾之名，直至 2000 年，将县级临汾市更名为尧都区。这里的文化厚重，是历史上认可的帝尧建都地，所生成的帝尧图像景观极具特色和价值。尧都区的帝尧神话图像讲述了帝尧一生事迹，呈一纵一横空间分布，即纵贯本境内的汾河两岸南北纵

---

① （清）阮元校刻：《十三经注疏》，中华书局 1980 年版，第 157 页。

向与仙洞沟尧陵一线的东西横向。现存代表性图像景观有尧庙、尧陵、仙洞沟、尧帝古居、华门、丹朱墓。

尧庙坐落于临汾市尧都区城南，是历史上祭祀帝尧的重要庙宇。由于地处古平阳临汾，此尧庙又称临汾尧庙或平阳尧庙。据一些史志碑刻记载，此庙建于唐高宗显庆三年（658），① 至今已一千多年。临汾有尧都之称，在帝尧政治中心所建的尧庙，意义非同寻常。临汾尧庙作为重要的帝尧信仰空间，历代官方祭祀帝尧，兴办尧庙庙会，至民国时期仍兴盛不衰。（见图2-8）以尧庙为中心，文人们吟咏诗文，宣扬仁德理念，弘扬着民族文化。与此同时，在临汾大地上，还传讲着帝尧的动人神话，留下了大大小小的帝尧神话遗迹。所有这些都与临汾尧庙的存在有很大关系。

尧庙殿宇建成以来，风雨千年，它历经地震、战乱等劫难，屡毁屡建，在元明清时期均保持相当规模。20世纪末，尧庙再次遭到破坏，宏大的广运殿被烧毁，地方政府于1999年和2002年两次大规模重修尧庙，终使尧庙焕然一新。近年来，尧庙内每周都会定期举行"着汉服，循古礼，拜尧帝"活动，民众自发参与祭拜，营造了浓郁的崇尧拜尧氛围。（见图2-9—图2-11）

尧陵位于尧都区北郊村西的涝河北岸，又称"神林"或"神临"，是一处历史意蕴深厚的帝尧文化遗迹。据一些地方文献和碑刻的记载，帝尧埋葬于此处，受到历代的纪念祀奉。此陵建于何时，难以确切考证，据尧陵现存明弘治四年（1491）《重修帝尧陵寝碑记》记载，此陵在元中统年间（1260—1264）曾整修过，经明成化

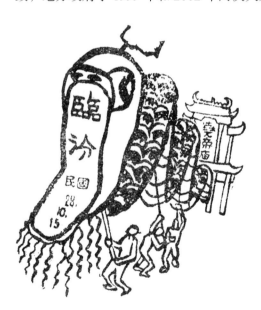

图2-8　民国时期发行的临汾尧庙庙会纪念图

① 元至元六年（1269）《大元敕赐重建尧帝庙碑铭并序》碑，存临汾尧庙内。撰写碑文的是元代直讲学士王磐，文中写道："平阳府志之南，有尧帝庙，李唐显庆三年所建。"

图 2-9　尧庙广运殿
20 世纪 80 年代旧照

图 2-10　尧庙山门

图 2-11　尧庙"着汉服"祭尧（尧庙景区提供）

年间（1465—1487）的修缮，陵祠已具备一定规模，奉祀格局也已经形成。现在陵内保存数通明代碑刻，其中明嘉靖十八年（1539）碑阴刻尧陵全图，绘制了明代尧陵的建筑格局，表明了当时尧陵祭尧仪式的方位场所，对于帝尧神话图像研究尤为珍贵（分析见第三章）。尧陵祭尧的传统至少从明清开始，春秋二祭，相沿不废。民国时期，尧陵周边民众仍在清明节时祭尧，举行尧陵庙会。21 世纪以来，地方政府重修了破败的尧陵，并于 2008 年开始每年在此公祭帝尧。（见图 2-12—图 2-15）

　　仙洞沟是临汾姑射山的著名风景区，包括北仙洞、南仙洞，是山西省重点文物保护单位。这里自然山水优美、地质生态绝佳，同时有深厚的历史文化底蕴。在仙洞沟儒佛道文化交融的历史过程中，决不能忽略《庄子·逍遥游》的文学制造之功，正是庄子笔下的藐姑射神人、帝尧往见四子之事，引领着历代先贤文人、帝王道僧的脚步。仙洞沟至今保存了不少有价值的庙观洞阁，如神居洞、云雾寺，其中也包括宋元明清的碑刻匾额，如北宋熙宁九年（1076）《姑射洞新修功德记》、北宋政和八年（1118）《尚书省敕神居洞牒碑》。（见图 2-16—图 2-19）

图 2-12 尧陵旧貌（尧都区文旅局提供）

图 2-13 尧陵早期山门

图 2-14　尧陵清明祭尧全景（尧都区文旅局提供）

图 2-15　尧陵清明祭尧仪式

图 2-16　仙洞沟山门

图 2-17　仙洞沟庙观洞阁远景

图 2-18　仙洞沟北宋《姑射洞新修功德记》碑

图 2-19　仙洞沟北宋《尚书省敕神
居洞牒碑》局部

依托这样的自然和人文景观，帝尧神话不断累积，帝尧事迹也随之得到演述和传播。与此同时，帝尧神话的讲述，为仙洞沟的景观注入了灵动的神韵，建构了仙洞沟的神山圣水空间，又构造了丰富而奇幻的神话图像景观。比如帝尧到仙洞牧马，在山顶上留下了放马池、牧马滩、黄老坡、尧王石遗迹。当然最有影响的是鹿仙女与帝尧的爱情故事及景观（分析见第三章）。

图 2-20　民国时期的伊村尧王台及古碑（唐晓明提供）

图 2-21　尧帝古居

尧帝古居位于尧都区伊村西南，2011 年建成开放。伊村是晋南民间认可的帝尧出生地之一，流传着许多帝尧出生和生活的神话。这里原是汾河河谷东岸的一片高地，在高地上曾有一座土台子，当地俗称"尧王圪台"或"尧王台"。土台上立着一通明万历三十六年（1608）古碑，碑上建亭。（见图 2-20）尧王台的历史至少可溯至北魏，《水经注·汾水》引用《魏土地记》曰："平阳城东十里，汾水东原上有小台，台上有尧神屋石碑。"[1] 这些记载说明尧王台上曾建尧庙，庙前立着石碑。随着历史的变迁，北魏时的庙与碑早已无存，到明代万历三十六年（1608），当时临汾县令孙延长在土台上再立碑，即流传至今的"帝尧茅茨土阶"碑。如今，土台之上建成了尧帝古居景区，那通明万历石碑亦矗立其内。（见图 2-21）

图 2-22　华门

华门位于尧庙往西不远处，是地方政府 2004 年建成的纪念性景观，用于纪念帝尧建都临汾及开启文明起源之功。它由基座、主门和门楼构成，整个建筑具有多重象征意义和一定的艺术审美价值。坐西向东的华门，高大雄伟，寓意中华民族屹立于东方。主门高 50 米，象征上下五千年的中华文化。正面矗立的三门，类比尧舜禹三帝，而中间的门半开，则象征帝尧开启了文明之门。华门内部有不同类型的雕塑，展现了中华文明的历史。（见图 2-22）

_____

[1]　陈桥驿：《水经注校证》，中华书局 2007 年版，第 162 页。

图 2-23　尧都区王曲村丹朱墓

图 2-24　丹朱墓前文物
保护标志碑

图 2-25　尧庙内的帝尧塑像

图 2-26　尧王阅兵楼

图 2-27　尧王桥

图 2-28　翼城县北史村丹朱墓

丹朱墓也是尧都区一处特色古迹。丹朱墓位于吴村镇王曲村，俗称太子坟。当地流传丹朱过三曲的故事，讲丹朱骑马经过西芦曲村、孙曲村，来到王曲村时，落马身亡被埋葬，遂有此墓。通往墓地有个长陡坡，民众称为老马坡。此墓高5米，直径15米，墓前有一文物保护标志碑，由临汾县政府1960年所立。（见图2-23，图2-24）

（2）翼城县神话图像

翼城县帝尧神话图像以尧王制陶、定都及丹朱事迹为主，分散于浍河、滏河与丹子山周围。现存图像景观有尧都村尧庙、丹子山丹朱庙、丹朱墓等。

尧都村地处翼城县东部，四面群峰环绕，浍河支流穿村而过，自然生态颇佳。据传帝尧曾长期居住在尧都村，他处理政事、检阅军队，又教人们种田养殖、凿井取水，把这一带治理得很好。村内现存帝尧神话图像较多，有尧庙、尧王阅兵楼（又称古尧都砖券门）、尧王桥等。（见图2-25—图2-27）

丹朱墓位于南唐乡北史村西北，俗称金井。当地流传丹朱起兵反叛帝尧，战败自杀后被葬的故事。此墓高七八米，周一百六十余步，是翼城县重要的丹朱神话景观。（见图2-28）

（3）浮山县神话图像

浮山县帝尧神话图像主要由帝尧治水、避暑、巡访以及丹朱神话事迹产生，集中于县城周围以及县境的西北部与西南部。现存图像景观以尧山的帝尧图像、古县村丹朱图像为主。

尧山位于县城东五公里，又称浮山，属太岳山支脉。晋南一带广泛流传帝尧治水、避洪、避暑于此的神话。山上原有尧王庙，解放前被毁，庙里有口尧山龙井，传为尧王亲手开凿，早已废弃。21世纪初，地方政府开发尧山，在山顶上新建帝尧台景观，具体包括帝尧像、帝尧系列浮雕图、尧山鼎、望云亭、就日亭等。（见图2-29—图2-31）

帝尧像立于高台之上，坐东朝西，像高19米。帝尧束发戴冠，目光坚毅，阔嘴长髯，神态庄重。身穿宽袖长袍，右臂自然前曲，左臂置于身后。此帝尧塑像的方位朝向比较特别，当地民众讲，因为临汾尧都区在尧山西面，帝尧西向是看着自己的都城呢。帝尧像身后的东墙上，绘制了九幅帝尧故事浮雕图（详见第三章现代创作部分）。两个亭子里分别立石碑，记录修建帝尧台的相关信息。

图 2-29 帝尧台帝尧像

图 2-30 帝尧台浮雕图和望云亭

图 2-31 帝尧台就日亭

图 2-32　古县村尧王泉

**图 2-33　古县村丹朱
邑城墙遗址**

古县村隶属于浮山县西南的张庄乡，有丹朱封地之称。据明嘉靖十一年（1532）《浮山县志·古迹》载，古县村即故郭城，是"丹朱食邑"。古县村的地形非常特别，全村只有东面一条路，另三面是深沟。从古代城池设置来看，此地南北西三面险绝，惟东面平夷，易守难攻，非常符合古人理想的择居要求。这也颇能解释当地流传的丹朱在此建都居住的神话。现存的帝尧神话图像有尧王泉、丹朱邑城墙遗址。（图 2-32，图 2-33）

图 2-34 陶寺村牌楼

图 2-35 席村尧师
故里门楼

（4）襄汾县神话图像

　　襄汾县帝尧神话图像以帝尧定都、访贤展开，主要分布在县境北的汾河两岸区域。在这片黄土下，发现了闻名全国的陶寺遗址，所出土的考古文物深刻影响着帝尧神话图像发展。近年来，地方政府着力推动帝尧文化景观建设，打造帝尧文化的标志品牌。如举办帝尧文化旅游节、修建丁陶文化公园、授时广场，在陶寺村和席村树立牌楼或门楼标志等。（见图 2-34，图 2-35）。

授时广场属于襄汾县滨河公园的一部分，2014年建成。在授时广场的高处平台上，环形屹立着13根观测柱，不远处是观测点，这个大型景观是对陶寺古观象台的复制，规模更宏大。如果站立在观测点上，就可以通过观测柱看太阳的

图 2-36　襄汾县授时广场古观象台

图 2-37　襄汾县授时广场古观象台背面

位置变化，确立一年的节气。除了观象，每一根观测柱上都篆刻着节气的变化和习俗，便于了解不同节气的特征。在观测柱的背面，还绘刻有精美图案，描绘出不同节气的物候和人们生产劳作的变化等。显然，这个景观化的观象台，从形态和内容展示看，更具观赏性和科普性。（见图2-36，图2-37）

（5）洪洞县神话图像

洪洞县帝尧神话图像围绕尧王访贤和二女出嫁之事，集中于县境南部的汾河西岸一带。现存图像景观有唐尧故园、历山尧王庙、历山娥皇女英殿等。

唐尧故园位于洪洞县甘亭镇羊獬村西，旧称尧庙，当地俗称姑姑庙。传说这里是帝尧的行宫，因为神奇的獬豸出生，帝尧一家便搬迁过来，这里也成为娥皇、女英生活和出嫁之地。按民国六年（1917）《洪洞县志·坛庙》"尧庙"条，此庙始建于元至正十四年（1354）。20世纪90年代，地方社会在原尧庙废墟处重建唐尧故园，内有不少仿明清式建筑，造型精美雅致。在尧王寝宫外的空地上，立有一碑，书"生獬滩遗址"，据说獬豸即诞生于此。（见图2-38，图2-39）

距羊獬村西北三十多公里处的山区称为历山，又名英神山。山上建有古庙

图 2-38　唐尧故园山门　　　　　　　　图 2-39　唐尧故园内的生獬滩遗址

图 2-40　历山尧王庙尧王及夫人女皇塑像

群，其中有舜王庙，娥皇女英殿、尧王庙。尧王庙中供奉着尧王和夫人，当地传说尧王禅位后，二女娥皇女英为孝敬父母，常常将尧王和夫人接到历山居住，后来又建庙奉祀。娥皇女英殿中供奉着二女，她们是帝舜的两个妃子。殿内两侧有大量的悬塑壁画，讲述二妃与舜的事迹。（见图 2-40—图 2-43）

在羊獬村和历山之间，还有一种姻亲关系，即在二女确立的尧舜翁婿关系下，两地民众结成亲戚，由此产生了农历三月三的走亲习俗。此习俗是每年三月初二日，羊獬村一带的民众从唐尧故园出发，去历山舜王庙接回二女，到四月二十八日帝尧生辰时，历山的人们又到唐尧故园迎回二女。整个活动历时较长，场面盛大，传播面极广，已入选国家级非物质文化遗产项目。（见图 2-44）

（6）绛县帝尧神话图像

绛县帝尧神话图像包含帝尧出生成长、征战访贤等较多事迹，主要分布于中条山北麓和涑水河、浍水河、磨石里河附近。相关的村落有尧寓村、尧都村、尧

图 2-41 　娥皇女英殿娥皇像　　　　　　　　　　　图 2-42 　娥皇女英殿女英像

图 2-43` 娥皇女英
殿悬塑壁画

图 2-44 洪洞县三月三走亲活动（唐尧故园景区提供）

寺头村、宿尧村等。

尧寓村位于绛县城南 4 公里，是一个有深厚帝尧文化传统的村落。村子地处中条山北麓，依山傍水，涑水河穿村而过。这里世代传诵尧王出生与活动的故事，是绛县积极打造的尧王故里地，也是国家级非遗"尧的传说"的集中展演地。21 世纪初，在尧寓村发现了一通古碑刻，上有"唐尧寓处"四个大字，刊刻时间是东晋永和二年（346），清康熙年间进行重刊。这通东晋碑刻，是目前所见帝尧神话古迹中的最早碑石。（见图 2-45）

尧寓村流传的帝尧神话，与村落的地理环境、自然风物融合后，形成非常有特色的帝尧神话图像。在村南尧王坡的北端，有三个土岭，称为东尧岭、中尧岭和西尧岭。当地将这三岭对应典籍中的"三阿"，认为尧生于三阿的记载正说明尧寓村为尧王故里。又如中尧岭东侧半岭上，有一个古窑洞，被称为帝尧神奇降生的尧王洞。西尧岭最高处，有一圆形石坛，当地称为尧王祭天坛，据传是帝尧起兵打天下前的祭天之处。（见图 2-46，图 2-47）

图 2-45　尧寓村
唐尧寓处碑

图 2-46　尧寓村尧王洞

图 2-47　远处的尧王祭天坛

　　同时，尧寓村民众自发修建了尧王庙。此庙建在东尧岭山顶上，面宽仅一间，庙前空间狭小，每年的三月初三，村民都会到此祭拜帝尧。为了扩大祭拜规模，近年来，地方政府在尧寓村前广场重塑帝尧像，并按照三月三传统举行祭尧活动。（见图2-48—图2-50）

图 2-48　尧王庙

图 2-49　尧寓村广场的尧王塑像

图 2-50　三月三祭尧活动
（袁兵提供）

（7）霍州市神话图像

霍州市帝尧神话图像主要在陶唐峪内，这里风景秀丽，现已被开发为陶唐峪旅游景区。陶唐峪，史称陶唐谷，位于霍州市东南15公里处的霍山西麓。相传帝尧曾在此立宫避暑，治理一方。依据这一帝尧避暑传说，明代霍州知州褚相在陶唐峪中建立一座尧祠。嘉靖三十七年（1558）《霍州志·祠宇》"帝尧祠"下记："后建玉泉寺。嘉靖三十六年，知州褚相改建为尧祠。肖像题匾，告文致祭，春秋为例。诚旷世盛举也。"这是说褚相将玉泉寺改建为尧祠，祠内塑像，并在春秋二季祭祀。

21世纪初，地方社会开发陶唐峪风景区，在山中腰重建尧祠，并整修了牌坊式山门、尧王洞、仙女池等景观。（见图2-51—图2-53）

图2-51　陶唐峪尧祠山门

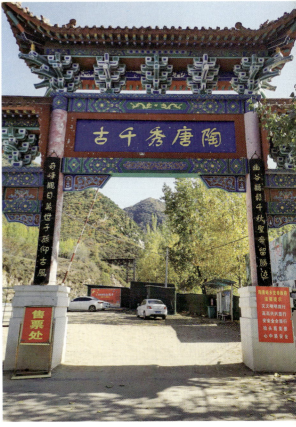

图2-52　陶唐峪牌坊式山门

图 2-53　陶唐峪仙女池

（8）永济市神话图像

永济市位于运城盆地西南角，西临黄河，南依中条山，古称蒲坂，传为帝尧旧都。在《水经注·河水》中，描述了蒲坂的雷首山："俗亦谓之尧山，山上有故城，世又曰尧城。"①尧山、尧城的出现，说明永济历史上存在的帝尧传统。这里流传不少帝尧神话故事，如帝尧早年与母亲生活、尧母谢世归天、帝尧嫁二女、帝尧因避水患而于高地建都、尧舜禅让故事等，相关神话图像有尧王台遗址、阿母沟、姚温村祖师庙、槐抱柏、南郑村二妃坛等。

尧王台遗址坐落于市区姚温村南的丘岭上，又称尧王祭天台、禅让台。相传帝尧早年与母亲就生活在这里，后来帝尧又在此祭天，将帝位禅让给舜。尧王台上有三座古庙遗存，经地方社会不断开发整修，2019 年尧王台景区建成开放。（见图 2-54，图 2-55）

（9）蒲县和垣曲县的神话图像

蒲县因帝尧拜访贤人蒲伊子而得名，县境内的蒲伊村据传是蒲伊子隐居之地。

---

①　陈桥驿：《水经注校证》，中华书局 2007 年版，第 107 页。

图 2-54 永济市尧王台遗址

图 2-55 永济市尧王台新山门（王丽娜提供）

在蒲伊村附近有许多帝尧文化遗迹，如蒲伊与尧王论道的讲道台、尧王稍作休歇的尧湾里、尧王给老百姓讲过话的讲话腰等。（见图2-56）

垣曲县因有历山而与帝尧神话相关，县境内曾留下帝尧去历山访舜时的地名及景观。如望仙村据传是帝尧访贤途经此地时，远望历山帝舜的村庄。民兴村（今东山村）的尧王庄，传说是尧王住过的地方，不远处还有一个歇马殿，是尧王的马休歇之处，现已破败。（见图2-57）

2. 晋东南帝尧神话图像

晋东南帝尧神话空间主要依托本境的自然山川而演述，围绕帝尧与丹朱及帝

图2-56 蒲伊村附近的尧湾里

图2-57 垣曲县歇马殿

尧出生的神话，形成长子县、黎城县两个帝尧故里。相关的神话图像多是以故里为中心生成的。

（1）长子县神话图像

长子县位于上党盆地西侧，西邻太岳山脉，与临汾市域接壤。县境地势西高东低，地面波状起伏，有巍然耸峙的发鸠山、有低矮平缓的尧庙山、慈林山、丹朱岭等，亦有纵横交错的浊漳河、丹河、岚河、雍河、尧河、陶河等。在自然山水的包蕴中，形成长子县古老的帝尧文化景观。

这里的帝尧神话图像分为两部分，一是与帝尧出生及活动联系，二是与丹朱作为帝尧长子的身份相关联。可以说，在帝尧与丹朱的互构叙事下，以尧山（今称潜山或尧庙山）和丹朱城（今县城）为中心，生成了帝尧故里的神圣空间。现存图像景观有韩坊村尧王庙、熨斗台、丹朱陵、丹朱古城墙遗址、神农公园尧王及丹朱浅浮雕、西尧村尧王晚年隐居地等。（见图 2-58—图 2-61）

韩坊村尧王庙和县城熨斗台，是长子县帝尧神话图像的典型代表（详见第三章）。

图 2-58　丹朱古城墙遗址

图 2-59　神农公园尧王浅浮雕

图 2-60　神农公园丹朱浅浮雕

图 2-61　西尧村尧王晚年隐居地

（2）黎城县神话图像

黎城县的帝尧神话图像是在本地隐逸文化传统中形成的。此地四面皆山，平川极少，有"一川三丘六分山"之说。在这种特殊的地理环境中，不仅流传着彭祖、巢父、许由隐居于此的神话，同时以境内的三皇垴、老尖山（箕山）、鸽子峧岭为中心，讲述着帝尧出生、祭天、访贤的故事。基于此，黎城县的帝尧图像景观有黎城县三官庙、黎侯古城尧帝广场、许由洗耳泉、六井古社坛、尧母洞等。（见图 2-62，图 2-63)。

图 2-62　黎侯古城尧帝广场

图 2-63　许由洗耳泉（黎城县洗耳河景区提供）

三官庙是黎城县神话图像的代表（后文有专论）。六井古社坛作为唐代已出现的地理名称，是一处较有特色的帝尧神话景观。此坛位于鸽子岐岭附近，有相连排列的六口井，井中泉水至今涌流，传说曾是尧帝祭祀天神的社坛。又如尧母洞，位于西井镇东骆驼村北，是一个天然山洞，据传帝尧母亲居住在此，并生下了帝尧。（见图 2-64，图 2-65）

 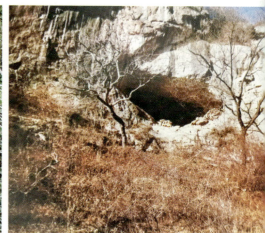

图 2-64　六井古社坛之一井　　　　　　　　　　　　图 2-65　尧母洞（刘艳忠提供）

（3）长治市区和沁水县神话图像

长治市城区北董村有一座尧王庙。庙内塑有帝王与四位大臣，目前仅存献殿、正殿。据当地民众讲述，尧王曾在这一带治山治水、铲除蟒蛇、驱赶猛兽，为民兴利除害，故建此庙以纪念。（见图 2-66）

沁水县尧都村处于杏河源头，依山傍水，据传帝尧曾在此建立早期都城。村中心现有尧文化广场，广场上塑帝尧像。（见图 2-67）

3. 晋中帝尧神话图像

晋中帝尧神话空间以陶唐、伊耆（祁）的文化为引领，演述了帝尧封地和旧都地的神话历史。陶唐、伊祁作为帝尧的姓氏、名号，其由来众说纷纭，难以定论。晋中一些地域借此阐释本地历史，形成太原古唐国文化、祁县古祁地文化、以及平遥、文水的古陶国文化。这些地域以平川盆地为主，明清所建的相关庙宇、牌坊等大多湮没，帝尧神话图像留存不多。

图 2-66 北董村尧王庙　　　　图 2-67 尧都村尧文化广场帝尧塑像

（1）太原市神话图像

太原市位于山西省境中央、晋中盆地北端，辖六区三县一市，古称唐国，被认为是帝尧旧都。市境三面环山，汾河纵贯全境，整个地势北高南低，中南部为汾河河谷平原，出太原往南则直通晋南盆地。

具体的帝尧神话图像空间有两处：一是晋源区"故唐城"一带，据传唐城为帝尧所筑，亦在此建立了早期都城。目前故唐城遗址已难寻觅，相关神话图像无存。二是隶属于太原市的清徐县尧城村，此村又称为陶唐城，流传着帝尧居住此地、创造历法等大量神话故事。帝尧神话图像以此地为中心，带动周边生成一系列图像景观，主要有尧城村尧庙、鹅池村舜帝庙、高花村陶唐故苑、清德铺村尧王祭祖台等。（见图 2-68—图 2-71）

（2）平遥县等地神话图像

平遥县、文水县、祁县三县隔汾河相望，均处于晋中盆地。它们的历史皆可上溯到帝尧时期，称为帝尧封地或居地。现存代表性图像景观有平遥县帝尧庙、平遥县市楼悬挂的古陶胜境牌匾、祁县清代尧舜庙敬献的瀛洲妙境牌匾。（见图 2-72—图 2-74）

图 2-69　鹅池村舜帝庙

图 2-68　尧城村尧庙

图 2-70　高花村陶唐故苑

图 2-71　清德铺村尧王祭祖台

图 2-72　平遥县帝尧庙

图 2-73　平遥县市楼的古陶胜境牌匾

图 2-74　清嘉庆
十二年（1807）祁
县尧舜庙所献牌匾
（武殿旺提供）

图 2-75　平遥县康熙年间帝尧陶唐氏庙图

　　平遥县帝尧庙位于平遥古城北门外，曾是有清一代地方祭尧的重要庙宇。据康熙四十六年（1707）《平遥县志》记载，此庙由时任平遥知县王绥创修，修庙的原因有二，一是以平遥为古陶尧封之地，二是要借助帝尧圣人观念施行教化，实现儒学治世理想。因此，帝尧庙兴建之初，便由官府主持隆重的祭尧仪式，并规定每年春秋二祭。康熙县志还绘制出当时庙宇的地理格局图。（见图 2-75）图中的帝尧庙处在高丘之上，交通地位显要，地理环境优美。庙前有一条大道，往来的人马途经此地，或在门前停歇。庙宇的建筑齐整，周围的植被生长茂密，在树木的掩映下，帝尧庙显得神圣而静谧。随着社会风云变幻，帝尧庙的主神悄然变化，成为一位主管疾病、祈求健康的医药神，民间称为药王爷。平遥帝尧庙变成药王庙，大约发生在清代末年民国初年。① 新中国成立以后，此庙又被平遥县

---

　　① 据 2020 年 7 月 6 日平遥县访谈许中。许中，平遥县人，平遥县教师。

兽医站占用。21世纪初，地方政府恢复帝尧古庙，2013年修复落成，对外开放。

（二）河北帝尧神话图像

河北的帝尧神话一般是由典籍中的"唐"地引发，内容多与帝尧早期活动事迹相关。绵延于河北省西部的太行山，是河北与山西的天然界限，也是河北平原的天然屏障。在太行山东麓，有一片丘陵盆地过渡地带，这里有良好的水肥自然资源，既利于发展种植生产，又能免遭平原上黄河泛滥之灾，是早期人类理想的栖息地，也是帝尧神话丛聚的区域。

涉及帝尧神话区域空间有保定市唐县、顺平县、望都县，张家口市涿鹿县，以及邢台市隆尧县等，其中保定市三县的帝尧神话主题突出。唐县、顺平、望都三县构成一个帝尧文化圈，集中展示了帝尧出生、受封唐侯、建立唐国、始登帝位、初建帝都、开创唐尧文化、率族众西迁等诸多事迹，并生成了各具特色的帝尧神话图像。

1. 唐县帝尧封地神话图像

唐县位于河北省中西部的太行山东麓，境内七山一水二分田，西北部群山耸立，东南部为华北平原，中部有众多的岗丘山溪，如庆都山、青龙山、唐岩山、磨岩山。在这些岗丘周围，分布着帝尧神话的诸多遗迹，有尧庙、尧井、帝尧出生地、封侯地、寻贤处、丹朱城等，相关的神话随之流传开来。"唐尧的传说"是河北省级非物质文化遗产项目，2014年，唐县被中国民间文艺家协会命名为"中国唐尧文化之乡"。

围绕这些神话遗迹，地方政府修建石刻、碑亭等标志物，以建立唐县寻根帝尧圣迹的旅游线路。目前设立的标志物达13处，如庆都山唐尧故居地、唐尧溺水上岸处、丹朱城遗址、古唐侯国遗址、唐尧西迁处、唐尧受封处等。（见图2-76，图2-77）从总体上说，唐县的帝尧神话图像分布较广，除以上的古遗迹图像外，一些公共场合也增设帝尧图像，如庆都山唐尧文化园的唐尧雕像、唐尧公园的尧戒雕塑、青龙山唐帝庙帝尧塑像、兴华大酒店厅堂的帝尧浮雕像等。（见图2-78，图2-79）

庆都山唐尧文化园是唐县帝尧图像的典型代表，后文专门论述。唐尧公园内的尧戒雕塑富有创意。这是一座包含帝尧文化、红色文化、休闲文化的城市主题

图 2-76　庆都山唐尧故居地标志物

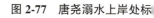

图 2-77　唐尧溺水上岸处标

图 2-78　青龙山唐帝庙帝尧塑像

图 2-79　兴华大酒店厅堂帝尧浮雕像

公园，在公园中心的唐尧广场上，矗立着大型的尧戒木雕。此雕塑面南而立，由白色基座、黄色木柱体和顶部的红色尧字组成，正面铭刻《尧戒》中的十七个字："战战栗栗，日谨一日，人莫踬于山而踬于垤。"雕塑基座四周亦有图像，南面为"尧戒"的释义文字，东北西三面则绘刻了唐尧治国三件宝：兽皮旗、放牛鞭、蓑衣。整个尧戒雕塑色彩和谐、形态美观、寓意深刻，颇具艺术性和创造力。（见图 2-80—图 2-83）

2. 顺平县帝尧故里神话图像

顺平县与毗邻的唐县同处太行山东麓，是一个山区和平原交汇县。顺平县历史悠久，县名更动频繁，明代以后一直称完县，1993 年改今名。境内多低山与丘陵，平原约占五分之二，离县城不远的伊祁山因传说为尧帝出生地而闻名。顺平县作为地方认同的尧帝故里，历史上曾在城内建尧庙、城南筑尧城，至今流传着很多帝尧神话，如尧帝出世、尧母祭天、尧母拾麦、丹朱筑城等。目前最能集中展示顺平帝尧神话图像的是伊祁山和唐尧文化园两处。

伊祁山，又名尧山，位于顺平县城西 20 里，海拔 400 米，因山形如陵墓，崖

图 2-80　尧戒木雕塑

图 2-81 尧戒
基座上的兽皮旗图

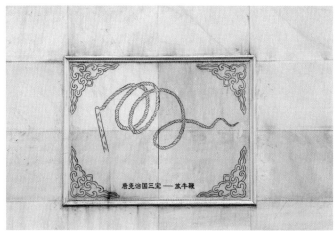

图 2-82 尧戒
基座上的放牛鞭图

图 2-83 尧戒
基座上的蓑衣图

壁多为红色，又称丹陵山。山上的帝尧神话遗迹主要是太子庵和尧母洞。太子庵是一组庙宇建筑群，据说是纪念尧帝及其母庆都而建，里面有专祀帝尧的尧王庙。尧母洞是一个天然山洞，深约七八米，冬暖夏凉，相传尧母庆都就在此洞生下尧帝。（见图2-84）洞内现有尧母抱子雕像，为2007年所塑，尧母盘腿端坐，头挽发髻，怀中抱一俊朗白净的孩童，即为幼年帝尧，整个塑像寓意帝尧出生于此。

此外，伊祁山的入口处次第排列着一些现代雕塑，表现出不同的帝尧神话主题，比如帝尧制陶、帝尧废除瓦罐葬、尧舜禅让。又有尧帝治历铜像，意在表现帝尧命羲和二氏观测天象，制定尧历的功绩。（见图2-85—图2-88）

唐尧文化园是由顺平县当代企业家创办的文化产业园，它以帝尧文化为依托，其中包含不少帝尧神话图像（分析详见第三章）。

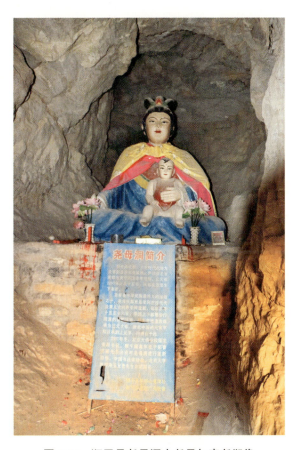

图2-84　顺平县尧母洞中尧母与帝尧塑像

图 2-85　伊祁山
帝尧制陶雕塑

图 2-86　伊祁山帝尧废
除瓦罐葬雕塑

图 2-87　伊祁山尧
舜禅让雕塑

图 2-88　伊祁山帝尧与尧历铜像

3. 望都县尧母神话图像

望都县地处太行山前麓的冀中平原，毗邻唐县东南部、顺平县南部，曾名庆都县，清乾隆时复称望都县。境内地形以平原为主，地势西高东低，缓缓倾斜，有唐河、九龙河、曲逆河流经。这里自然条件优越，盛产辣椒，已修建望都辣椒文化博物馆。

望都县的庆都文化源远流长。庆都是帝尧母亲，望都因尧母而得名。《帝王世纪》记载："南有望都县，山即尧母庆都之所居也"，[1] 直接指出望都县是尧母的居住地。历史上曾有多位帝王敕封庆都，前往县境拜谒尧母陵庙，地方对尧母的祭祀亦绵延不绝。关于尧母庆都与帝尧的神话故事，广泛流传于望都及其周边县市，相关的历史遗迹有尧母陵庙、帝尧庙、尧太子丹朱墓等[2]。值得一提的是，

---

[1]　（晋）皇甫谧：《帝王世纪》，辽宁教育出版社 1997 年版，第 12 页。

[2]　望都县历史上的尧太子丹朱墓情况，参见于兰茹编著：《尧母庆都》，河北大学出版社 2013 年版，第 77—79 页。

帝尧神话的重要图像资料，如清代和民国时期的尧母陵庙等建筑布局图，也被绘制保存于古县志中，足见地方对尧母文化传统的珍视。近些年，望都县致力于打造"尧母故里""孕帝名邦"，恢复重建一些尧母文化景观。现存代表性帝尧神话景观有尧母文化园、尧母陵庙、帝尧庙等。

尧母文化园位于 107 国道城区段南部的望都县境，于 2002 年 10 月竣工。园区正中塑尧母像，总高 18 米，包括基座和 3.9 米的尧母主题雕塑。基座上有三尊尧母像，均为青铜制造，分别朝向北、西南、东南方向，尧母像融入龙文化元素，由三条飞龙盘旋于身体周围，代表尧母与赤龙的完美结合，体现出尧母艺术造型的丰富内涵。基座上书"尧母故里"题字和《尧母故里颂》一文。现为望都县的地标性建筑。（见图 2-89，图 2-90）

尧母陵庙坐落于望都县城内东南，主要由尧母庆都的陵墓与尧母祠组成，是一处纪念尧母功绩的历史古迹。陵庙底蕴深厚，始建时间已无从考证，检索地方志可知，它至迟在明代中后期已经存在 ①。现陵庙内仍保存一通明万历年间的尧母陵碑。（见图 2-91）古时尧母陵又称尧母台，在尧母台后曾经松柏苍翠，枝柯交加，传说有凤凰集聚，此松柏树又有凤凰架之名。这里曾是清代地方八景之一，康熙《庆都县志》记为"尧台曙霭"，可见尧母陵庙的昔日辉煌。到民国时期，尧母陵园及封土上依然松柏茂密，庄重肃穆。（见图 2-92）在岁月的流逝中，尧母陵庙遭到毁坏，祠庙倒塌，凤凰架无存。从 2012 年三月三开始，当地民众恢复祭祀尧母的传统，在尧母陵墓旁的"五峰墙"上，悬挂当地画家赵国宏绘制的尧母像进行祭拜，表达尊崇之情。（见图 2-93）2020 年 4 月，地方政府在原址上修复了尧母陵冢、尧母大殿、鸡鸣井、低头牌坊等景观，陵庙也被扩建为尧母陵遗址文化公园。

帝尧庙位于县城东关，历史景况与尧母陵庙相类，也是明代之前建立，明清时扩建，新中国解放前毁于战火。尽管帝尧庙宇损毁，但原址上的铜铁柏存活了下来，而且此处长久以来仍有尧庙庙会，对帝尧的信仰依然存在。② 帝尧庙复建完工后更名为帝尧文化广场。

---

① 据明成化八年（1472）《重修保定郡志》"陵墓"有庆都陵墓，清康熙十七年（1678）《庆都县志·艺文志》收录明代御史杨绍程撰写《重修尧母庙记》碑文，皆能说明尧母陵庙的历史景况。

② 刘灵川：《风雨帝尧庙》，望都县尧母文化学会《尧母文化》（内部刊物）2020 年第 1 期，第 41 页。

图 2-89 尧母文
化园主题雕塑

图 2-90 尧母文化
园主题雕塑局部

**图 2-91　明万历四十一年（1613）
尧母陵碑**

图 2-92　望都县尧母陵民国二十三年（1934）旧景（于兰茹提供）

图 2-93　民众在尧母陵自发祭尧（于兰茹提供）

（三）山东帝尧神话图像

　　山东省地处黄河下游，历史源远流长，传统文化特色鲜明。这里不仅流传帝尧本人的出生活动、亡葬神话，也有表现丹朱、关联帝舜的神话流传，影响最大的当属帝尧亡葬的神话。作为传统儒家文化的发源地，山东帝尧神话图像的发展也深受儒家思想的丰厚滋养，集中体现在帝尧葬地图像和汉画像石上，此外还有日照市的尧王城遗址图像、昌乐县尧沟镇的丹朱冢图像、济南市趵突泉公园和千佛山的帝尧塑像等。（见图 2-94，图 2-95）

　　从历史上看，山东帝尧葬地神话主要有三处，分别是菏泽市牡丹区尧陵、菏泽市鄄城县尧陵、泰安市东平县尧陵。这三处尧陵均位于鲁西南平原，是历史上重要的官方祭尧地。之所以存在不同的尧陵，据一些学者考证，是由于历史上不同时期祭尧产生的。[①] 由于东平尧陵尚未恢复，此处只论菏泽市的两个尧陵。

----

　　① 参见潘建荣主编：《帝尧陵研究论集》，中国文史出版社 2020 年版，第 222—242 页。文中指出东平县尧陵是明代祭尧地，鄄城县尧陵为清代兴建，牡丹区尧陵是在汉代成阳遗址上所建，称为成阳尧陵。

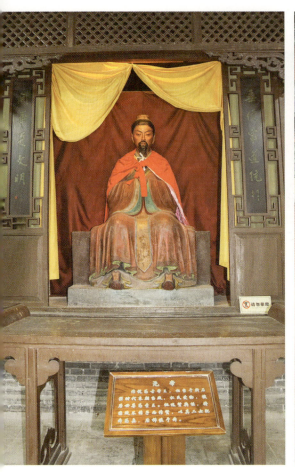

图 2-94　济南趵突泉公园三圣殿尧帝塑像　　　　　图 2-95　济南千佛山三圣殿帝尧塑像
（唐睿提供）　　　　　　　　　　　　　　　　（唐睿提供）

1. 牡丹区帝尧葬地神话图像

牡丹区是菏泽市政府所在地，也是黄河流经的区域。由于历史上黄河泛滥成灾，加之战乱不断，区域内的早期庙宇和帝尧神话风物均遭到毁坏，难以保存下来，以致明清方志中也少见这方面的记载。近世以来，牡丹区胡集镇尧王寺村修建了尧庙，民众定期举办庙会，祭拜帝尧。当地还流传帝尧葬于此地的神话故事。实际上，尧王寺村尧陵的确立，得益于菏泽市历史与考古研究所的努力。21 世纪初，经过考古勘探，胡集镇一带被认为是汉代成阳故城所在地，胡集成阳故城遗址的发现，是确立古尧陵的重要依据。结合地方的文化传统和地理环境，文献中的尧陵、尧母陵、尧妃祠的具体位置也被还原出来。

胡集镇位于牡丹区东北部，与鄄城县交界。这里历史悠久，古称雷泽，相传是尧舜生活过的地方。汉代时，这里称成阳，属济阴郡，隋代又改称雷泽县，属濮州。按《水经注·瓠子河》记载，成阳城西二里有尧陵，在尧陵附近还有尧母庆都陵、尧妃中山夫人祠。胡集镇尧王寺村尧陵地处成阳故城内，又称成阳尧陵。成阳尧陵是汉代国家认可的祭祀帝尧场所，官方曾在这里修庙并立碑纪念，其重要性是不言而喻的（详见第一章语言叙事等部分）。有学者指出，成阳尧陵毁于历代战乱和黄河泛滥中，虽然一度湮灭不见，但其历史地位应该得到充分肯定。[①]因此，在传统文化复兴和地方经济驱动的背景下，近年来，尧陵所在的胡集镇政府以成阳遗址为依托，宣传尧舜文化，树立地方品牌。

具体表现在营造公共文化空间和开发专门旅游区两方面。前者是在一些公共场所植入尧舜文化因素，如立纪念石，建"尧舜故里"牌坊，树立帝尧像。（见图 2-96，图 2-97）后者是以帝尧陵墓为中心，建设尧陵寻根旅游区，目前已建成帝尧庙、祭祀广场等景观，并于 2016 年开始举行全国性的大型祭尧活动。（见图 2-98，图 2-99）

2. 鄄城县帝尧葬地神话图像

鄄城县地处菏泽市北部，南接牡丹区，北部与范县隔黄河相望，属于黄河冲积平原，地势平坦，清代属濮州管辖。这里流传着帝尧落脚于此、教育儿子丹朱、历山访舜、去世埋葬、丹朱葬帝尧等神话，其中关于此尧陵的真伪与神奇的神话最具特色。相关的帝尧神话图像景观有尧陵、历山虞帝庙、陶丘遗址等。

尧陵位于鄄城县富春乡，俗称谷林尧王墓，亦称柏树林。因陵前一度建有谷林佛寺，又有谷林寺之名。尧陵历史久远，元代已在此处立"尧王墓"碑。到明清时期，地方官府在此祭祀帝尧，并在墓前建尧庙，相关记载可见于明清《濮州志》中。至清代乾隆元年，清政府稽古正讹，认定此为尧陵旧址，诏修尧陵，并

---

① 据 2021 年 4 月 9 日菏泽市访谈潘建荣。潘建荣，菏泽市人，菏泽市历史与考古研究所所长。

图 2-96　牡丹区尧舜故里牌坊

图 2-97　尚尧酒店前的
帝尧坐像

图 2-98　牡丹区尧陵祭祀全景（牡丹区胡集镇政府提供）

图 2-99　牡丹区尧陵祭祀仪式
（牡丹区胡集镇政府提供）

图 2-100　鄄城县尧陵祭祀空间（潘振起提供）

由帝王遣使祭祀，此后朝廷祭尧相沿不废。21 世纪以来，在地方政府的支持下，鄄城县尧陵祭尧活动又得到复兴。（见图 2-100）

此尧陵的价值建立在真实性和神奇性的叙述之上。民间素有"尧王虚葬八百墓，唯有真身在谷林"之说，这一流传很广的俗语颇有意味，既说明民众知晓尧陵有很多处，又在难以辨明中突出谷林尧陵的真实。在 20 世纪，尧陵前的佛寺、郁郁葱葱的柏树、墓上成片的谷树，都是寻常的尧陵景致。（见图 2-101）如今佛寺湮灭，当年的柏树谷树不存，但尧王墓前柏树数不清、尧王遇谷林寺大铁佛、尧陵上谷树不死等故事却流传下来。事实上，民众不仅以故事，并且能通过自然景物的特殊生长，来营造尧陵的神圣和神秘。比如尧陵墓地上的谷树，据当地文化精英讲，这些谷树曾被完全砍伐，没想到又重新生根，现在不仅枝繁叶茂，而且一棵谷树能长出几种不同花边的叶子，谷树还能开花，寓意着吉祥。①（见图 2-102）这些都说明，当民众愿意相信此尧陵是埋葬帝尧的宝地，便会辅以

---

① 据 2021 年 4 月 5 日鄄城县访谈潘振起。潘振起，鄄城县赵仟庄人，修复尧陵的发起人之一。

图 2-101　鄄城县尧陵 20 世纪 60 年代旧貌（潘振起提供）

图 2-102　鄄城县尧陵上的谷树开花（潘振起提供）

种种神话故事渲染它的神奇色彩，这是尊奉帝尧的信仰表现，亦是地域情感与地方认同的表达。

（四）河南帝尧神话图像

河南省处于中原腹地，各种文明交汇融合，创造了灿烂的历史文化。这里的古迹遗迹众多，神话资源丰富，不同人物的创世神话都有活态传承，帝尧神话也不例外。

河南的帝尧神话一定程度上受到周边省地的神话影响，多讲述帝尧或其后人行至本地后的事迹，主题比较鲜明。比如，在豫晋交界的焦作沁阳县、豫鲁交界的濮阳范县、豫中的平顶山鲁山县，分别流传着帝尧巡狩、丹朱治疆土、帝尧后人刘累的神话等。目前所知的神话图像景观也对应于豫北、豫中一带。

1. 沁阳县帝尧巡狩神话图像

沁阳县地处河南省西北部，毗邻山西省晋城市，有千年古县之称。县境内有一座尧圣庙，据传是为了纪念帝尧巡狩此地并寻获甘泉而创建的，属于帝尧巡狩神话图像。在清道光《河内县志·金石志》所收北宋《重修尧圣庙碑记》中，讲帝尧巡狩至太行山前，为百姓寻找水源，最终"龙指按捏，寻感醴泉应手。"这些均说明帝尧创世神话与尧圣庙的密切联系。

尧圣庙地处太行山南麓的捏掌村，依山傍水，位置极佳。它背依大雄山，庙前有尧河流经，形成尧泉池。（见图2-103）此庙始建无考，北宋时曾重修，原来的戏楼、蔡伦殿已倾废。2007年由地方政府出资修复，现存尧泉池、拜殿、尧圣殿、牛马王殿、三义殿等建筑。（见图2-104）从历史地理角度分析，沁阳县尧圣庙的出现并非偶然，它所体现的帝尧文化，既是沁阳河山环水抱的独特自然环境造就，也是山西帝尧神话向中原传播交流的产物，可以说，是从属于山西的帝尧文化体系。①

尧圣庙的帝尧信仰、龙王信仰在当地盛行，两种信仰融合在一起，出现了不少帝尧降雨、治病的灵验传说。每年农历四月二十八日，民众纪念尧王的生日，

---

① 据2021年8月20日电话访谈程峰。程峰，济源市人，焦作师范高等专科学校覃怀文化研究中心教授。

图 2-103　沁阳县尧圣庙的地理空间（任二兴提供）

图 2-104　沁阳县尧圣庙（任二兴提供）

在尧圣庙举办盛大的庙会，已经成为一种历史传统。

2. 范县丹朱神话图像

范县隶属河南濮阳市，地处豫鲁交界、黄河沿岸，明清时与山东鄄城县等地同属濮州府。由于地缘相近，又曾处在一个行政区划内，因此范县与山东鄄城的帝尧文化有联系和融合。如前所述，鄄城以尧陵讲述帝尧葬地，亦涉及尧子丹朱的故事，范县则流传着丹朱建立功业、死后埋葬的故事，神话景观对应着当地的丹朱墓。

丹朱墓位于范县辛庄镇丹徐庄村，据传是埋葬太子丹朱的地方。经考古勘测，丹朱墓为龙山文化遗址，是河南省文物保护单位。（见图 2-105）当地民众讲，丹朱来到范县一带开疆拓土，兴修水利，烧制陶器，建立偃朱城，受到百姓的爱戴。当丹朱死后，人们聚以巨冢埋葬，感谢他做出的贡献。由于黄河泛滥，墓冢已不见其高，且周边土地不断被民房占用。2019 年，在丹朱墓遗址前，民间筹资重建祠庙，两层建筑，分别供奉丹朱爷及其妻子邬何氏。（见图 2-106—图 2-108）

3. 鲁山县帝尧裔孙神话图像

鲁山县位于河南省中部，地处伏牛山东麓，境内多山，地势西高东低。这里很早就有人类活动，遗址遗迹较多，文化底蕴丰厚。县境西部有一座尧山，又名石人山，风景秀美，曾是帝尧神话传承的历史空间。据《水经注·滍水》记载，尧之裔孙刘累曾在尧山上建尧祠，至今当地流传刘累登尧山祭祀先祖的故事。可惜今尧山上已难觅尧祠踪迹，也无其他帝尧文化景观。

事实上，刘累神话图像是围绕鲁山县邱公故城遗址发展的。刘累是帝尧之裔孙，在夏代时，担任帝王孔甲之臣，以御龙、驯龙著称，又名御龙氏。相传他为躲避夏王孔甲，潜迁至鲁山，其隐居地称为邱公故城，离故城不远处有刘累的墓地。目前，民间以刘累墓和邱公故城遗址为中心，在昭平湖景区内开发建设了刘姓始祖苑。近年来，经常有刘姓宗亲组团前往，举行盛大的祭祖活动。（见图 2-109，图 2-110）

关于埋葬刘累的墓地，当地也有人认为在鲁山县闫河村。据考察，闫河村现存一座尧祠，由民间自发修建，祠内塑帝尧彩像。（见图 2-111）

图 2-105　范县丹朱墓文物
　　　　　保护标志碑

图 2-106　范县丹朱墓遗址前
　　　　　的祠庙

图 2-107　祠庙中的丹朱及尧王图像

图 2-108　祠庙中的邬何氏神位

图 2-109　鲁山县刘姓始祖苑

图 2-110　刘氏宗亲祭祖活动（王宝郑提供）

图 2-111　鲁山县闫河村尧祠帝尧像

（五）陕西帝尧神话图像

陕西省历史文化深厚，遗址文物荟萃。这里的创世神话人物较多，炎帝黄帝的神话最为著名，帝尧的神话则主要流传于蒲城县一带。尽管帝尧神话传播范围有限，但蒲城的帝尧神话颇具特色，由此衍生的庙会也在地方社会中发挥着重要作用。

蒲城县位于关中盆地东北部，历史上文化兴盛，风俗传统传承较好。这里属于干旱的农业地区，主要依靠降水进行农业生产，帝尧神话在此背景下产生流传开来。当地的帝尧神话主要讲述的是帝尧治水、尧二女争斗、尧姑惩妖等内容，相应的神话图像集中于县境内的尧山上，有尧山圣母庙、尧王洞、尧王观水台等。（见图 2-112）

尧山位于县城北部的罕井镇境内，古称浮山，因帝尧于此规划治水、视察救

**图 2-112 蒲城县
尧山圣母庙**

灾而闻名。尧山最高峰海拔 1091 米，在其南麓山谷的一处平台上，建有许多祠庙殿宇。这些祠庙创建年代久远，唐宋时崇祀已盛，主要供奉尧山圣母女神。尧山圣母女神管降雨、求子、治病，曾被敕封"灵应夫人"，当地又称尧山夫人、尧山爷、尧姑。至今，每年清明节，尧山附近的十一个神社都会组织盛大的尧山庙会，祭祀尧山圣母。（见图 2-113，图 2-114）

　　尧山圣母的身份与帝尧不无关系。当地普遍认为圣母即是尧的二女儿，叫女英。相传，尧的大女儿娥皇被女英用尧山上的韭菜气走，女英得以长居此山，成为圣母女神。也有将圣母说成尧的妹妹。还有说圣母是女娲的臣子，曾指点帮助

图 2-113　尧山圣母庙会跪迎神楼 ①

图 2-114　庙会用的神楼与大鼓

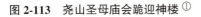

　　① 秦建明、［法］吕敏编著：《尧山圣母庙与神社》，中华书局 2003 年版，图版部分。

帝尧在尧山治水。

（六）江苏帝尧神话图像

21 世纪初以来，地处江苏省中北部的金湖县和高邮市，积极挖掘本地历史资源，宣传和建设帝尧故里，为帝尧神话的现代传承与地域认同做出了有益的探索。两地以帝尧创世神话叙事为基础，开发帝尧故里，建设多个文化旅游区，形成具有时代气息的帝尧神话图像。

1. 金湖县帝尧神话图像

金湖县位于江苏淮安市南端，东与高邮市相邻。近十年来，金湖县以本县塔集镇为帝尧出生地，围绕尧帝故里资源，开发帝尧文化旅游，相继建成尧帝公园、尧帝古城、尧想国文化旅游区。

尧帝公园位于金湖县主城区，以展示帝尧功绩为中心，现已建成帝尧像及八大浮雕景观墙等文化景观。公园中心的帝尧塑像，高 11.8 米，峻拔古朴，系天然大理石雕刻，2010 年落成。帝尧头戴高冠，眉细目长，双眼微开，披发长髯，面容肃穆慈祥。身穿宽袖长袍，佩兽骨颈饰，腰饰彩陶纹。双臂环抱伸张，表现出一种坦荡胸襟与统领四方的气魄。底座刻有山川、河流、神鸟瑞兽，象征着尧帝时代的万邦和谐。（见图 2-115，图 2-116）

尧帝古城，又名金湖印象旅游城，是依托尧文化而建设的商业旅游景区，2015 年建成。现有上古文化园、圣德广场、受禅广场、北阿塔等文化景观。其中上古文化园内又包括尧姑祠、上古神话苑、图腾广场、寻蚁凿井、洞房花烛等景观。（见图 2-117）

**图 2-115 金湖县
尧帝公园
（夏晓凡提供）**

图 2-116 尧帝公园帝尧塑像（夏晓凡提供）

图 2-117 金湖县
尧帝古城（夏晓凡
提供）

　　尧想国文化旅游区位于金湖县塔集镇，是一个以尧文化、尧母文化为核心的沉浸式文化体验区，2019 年开园。现建有尧帝广场、上古尧城体验区、尧文化展示馆、二十四节气广场、帝尧雕像、尧母育尧雕塑、三阿之恋场馆等景观，还定期上演《少年尧帝》情景剧节目。（见图 2-118—图 2-120）

图 2-118　金湖县尧想国文化旅游区（夏晓凡提供）

图 2-119　金湖县尧想国尧帝广场（夏晓凡提供）

图 2-120　尧想国二十四节气广场（夏晓凡提供）

尧想国旅游区的标志性雕塑有两个，一为帝尧像，位于门口处，高 8.88 米，花岗岩制成。帝尧一手握剑，英武威严；另一个为尧母育尧雕塑，汉白玉材质。尧母长发及腰，端庄慈善，双手托举婴孩时的帝尧，无私的母爱尽现无遗。（见图 2-121，图 2-122）

图 2-121　尧想国帝尧像（夏晓凡提供）

图 2-122　尧想国尧母育尧雕塑（夏晓凡提供）

2. 高邮市帝尧神话图像

高邮市是扬州市代管的县级市，境内多平原，在西部丘陵地有一个神居山，此山被认为是帝尧的出生地。以神居山为中心，高邮市积极打造帝尧故里和尧文化的发祥地，并建设相应的帝尧文化景观。

神居山地处市境送桥镇辖区内，海拔仅 49.5 米，是一个千万年前火山喷发而形成的小石山。此山中间有湖，顶上宽平，现存汉墓、千年银杏树、古寺庙遗址、仙人棋遗迹等，于 2009 年建成神居山文化公园。在公园中央，矗立着一座帝尧青铜像。（见图 2-123）

帝尧青铜像高 9.9 米，寓意帝尧九王之尊，当地称为帝尧原身像。帝尧戴冠、长髯、低眉垂目，眼睑向下，面容慈祥和善。双臂弯曲，两手指尖相接，作平托状。胸前雕刻玉钺，非常醒目，象征帝王的权力，腰带上缀有绿松石，下身饰有云纹和波涛纹。整个帝尧像线条流畅，庄严神圣。

图 2-123　高邮市神居山帝尧青铜像（高邮市送桥镇政府办提供）

（七）湖北等地帝尧神话图像

在湖北、湖南和广西的一些地区，也出现了各具形态的帝尧神话图像。他们巧妙借用历史资源，发挥地方生态优势，所创造的帝尧神话图像成为本地景观的一抹亮色。

1. 湖北尧治河村帝尧治水神话图像

湖北尧治河村，隶属襄阳市保康县，北邻房县，西接神农架林区，悬崖峭壁，山峦重叠，平均海拔 1600 米，是鄂西北典型的山区村落。这里属于古房陵文化圈，流传着大量帝尧及儿子丹朱治水等神话。20 世纪 80 年代末，当地民众开始劈山治水、改造自然的征程。他们以超常的毅力和智慧，凿出一个个隧道，修筑一条条公路，建造一个个水电站，使封闭的山村焕发勃勃生机，原来的贫困村一跃而成为全国文明村和新农村建设示范村。难得的是，在此过程中，尧治河村以尧帝治水的尧帝河为主线，开发以帝尧文化为核心的生态旅游，树立尧祖、尧乡的文化自觉品牌。现已建成尧治河大坝、尧帝神峡对弈园、降魔园、寻子园等系列景观。

比如，尧治河大坝上有一个雕塑，名为"不朽的丰碑"，讲述的是尧帝带领子民治水的情景，表现尧帝治水的功绩。对弈园是以尧造围棋教育丹朱故事为基础，建造的现代弈棋景观，包括人物雕像、棋台、弈雅堂等。（见图 2-124，图 2-125）

降魔园的丹朱降魔图像讲述了丹朱持剑勇战水怪的神话，肯定了丹朱带领百姓治水、造福一方的政治功绩。寻子园的尧帝寻子塑像是一组汉白玉群雕，讲述的是尧帝骑马至房陵寻找丹朱，在众人对丹朱治政的赞许中，父子坦诚相见的故事。帝尧着长袍站立，温和慈祥，他左手后背，右手捋胡须，一旁的民众正热情地荐举，丹朱则严肃谨慎地行跪拜礼。每个人物的神态各异，栩栩如生。（见图 2-126，图 2-127）

2. 湖南攸县帝尧神话图像

攸县地处湖南省东部，隶属株洲市，交通便利，曾是湘东赣西的经济交流中心。这里历史久远，文化古迹甚多，在北部的皇图岭镇，现存一些古地名，如丹陵、尧山、天子山、天子坪，这些都是帝尧神话流传和神话图像产生的基础。

图 2-124　湖北尧治河村不朽的丰碑雕像（尧治河村党建办提供）

图 2-125　尧治河村尧帝神峡对弈园（尧治河村党建办提供）

图 2-126　尧治河村丹朱降魔塑像（尧治河村党建办提供）

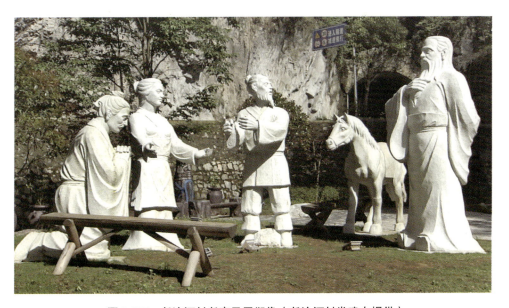

图 2-127　尧治河村尧帝寻子塑像（尧治河村党建办提供）

图 2-128　攸县尧帝宫竣工庆贺活动（刘俊男提供）

20 世纪末，一些学者经过文献研究和实地调查，提出攸县是尧帝时期的政治活动中心，皇图岭是帝尧的出生和埋葬之地。①

在学者和地方政府的助推下，攸县举行尧帝史迹论证会，聚焦帝尧与皇图岭的联系，并对外宣称帝尧生于本地的丹陵，死后葬于本地的尧山，以期建构帝尧在攸县活动的更广泛认同。在此背景下，皇图岭镇的 15 位乡民积极响应，他们自筹资金，从 2001 年开始建设尧乡公园的尧帝宫和尧乡剧院。尧帝宫占地 960平方米，象征我国 960 万平方公里的国土面积，在 2002 年建成竣工之日，当地民众前往庆贺，场面十分热闹。（见图 2-128）尧帝宫作为地方祭祀帝尧的庙宇，是攸县最具代表的帝尧神话图像景观。

3. 广西桂林市帝尧神话图像

广西桂林市尧山，是帝尧神话传播的又一重要空间。尧山位于桂林市东郊，

———————

① 参见刘俊男：《长江中游地区文明进程研究》，科学出版社 2014 年版，第 319—324 页。

图 2-129　桂林市尧山尧帝像（尧山景区提供）

主峰海拔 900 余米，是桂林市内最高的山。尧山历史上曾建尧庙，今庙已不存，景区管理者遂在尧山之顶建造尧帝雕像。此尧帝像高 3.5 米，玻璃钢材质，束发戴冠，五绺长须。帝尧身着长袍宽袖，前襟饰龙纹，右臂向前自然弯曲，左手置于腰后。整个塑像背东面西，眺望着桂林老城区。（见图 2-129）

三、图像神族与名物谱系

在帝尧创世神话中，与帝尧相关的人物，如贤臣、亲族、高士、仙人常有讲述，一些名物也时有涉及。这些帝尧神族与名物作为神话文本的要素，也是帝尧神话图像谱系的重要组成。

（一）帝尧贤臣图像

根据典籍记载，帝尧治政的过程中，得到一大批贤臣辅佐，这些臣子才德兼

图 2-130　明代皋陶像　　　图 2-131　明代后稷像　　　图 2-132　明代契像 ①

备，是帝尧开创太平治世的重要力量。在帝尧神话叙事中，贤臣的举用，亦用于表明帝尧的知人善任和民主风范，呈现出一个政治清平的帝尧盛世。

1. 群臣肖像

帝尧周围汇聚的贤臣队伍庞大。《史记·五帝本纪》融合前代文献，提出除舜以外的十位贤臣："禹、皋陶、契、后稷、伯夷、夔、龙、垂、益、彭祖，自尧时而皆举用，未有分职。"他们均得到帝尧的举用，与帝尧组成了强大的统治集团。

明胡文焕《历代圣贤像赞》绘刻皋陶、后稷、契的肖像，（见图 2-130—图 2-132）图后一页为各自赞文，皋陶赞文是："盛德冠廷，伟绩迈世。飏言赓歌，陈谟赞治。明刑弼教。民用协中。风动之休，帝嘉汝功。"后稷赞文是："洚水初息，民犹阻饥。粒食惟艰，帝用是咨。后稷勤民，爰教树艺。克配彼天，万世之利。"契赞文为："惟君作民，克绥厥猷。逸居禽兽，圣心所忧。尔契司徒，敬敷五教。牖民天衷，俗用熙皞。"清代顾沅《古圣贤像传略》亦刊刻帝尧贤臣图像，如后稷、契、皋陶、伯益的半身像，（见图 2-133—图 2-136）图后一页为人物的小传。

---

① （明）胡文焕：《新刻历代圣贤像赞》，载郭磬编：《中国历代人物像传续编》，齐鲁书社 2014 年版，第 33、35、37 页。

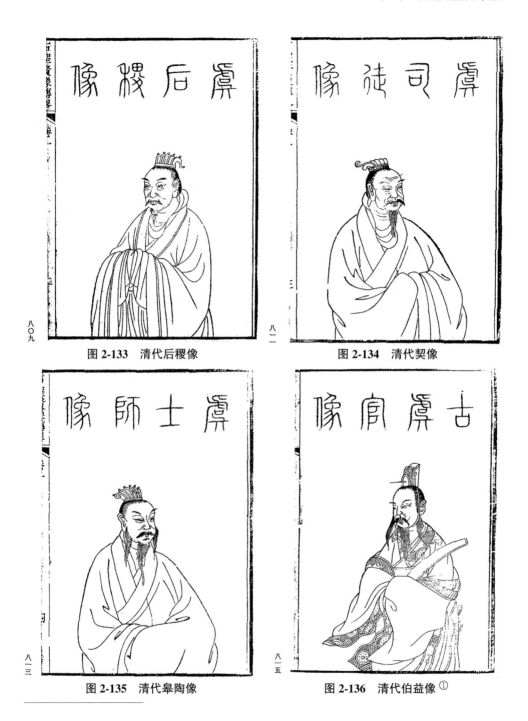

图 2-133　清代后稷像

图 2-134　清代契像

图 2-135　清代皋陶像

图 2-136　清代伯益像①

　　① （清）顾沅：《古圣贤像传略》，载郭磬、廖东编：《中国历代人物像传》，齐鲁书社 2002 年版，第 809、811、813、815 页。

帝尧知人善任，臣子的职务和职掌也比较明确。刘向《说苑·君道》在综合《尧典》《淮南子》《文子》等基础上，组成了清晰的尧臣系列，具体是："当尧之时，舜为司徒，契为司马，禹为司空，后稷为田畴，夔为乐正，倕为工师，伯夷为秩宗，皋陶为大理，益掌驱禽。"① 另外，《大戴礼记·五帝德》还记载龙和彭祖，文中说："伯夷主礼，龙、夔教舞，举舜、彭祖而任之，四时先民治之。"由此，十一位贤臣被纳入帝尧政体之中。《尚书图解》一书绘制了这些贤臣的事功图像，分别是：稷播百谷图、契敷五教图、皋陶明刑图、垂典百工图、益长众虞图、伯夷典礼图、后夔典乐图、龙作纳言图、皋陶庭前观獬豸图、伯益在山林猎捕鸟兽图。（见图2-137—图2-146）

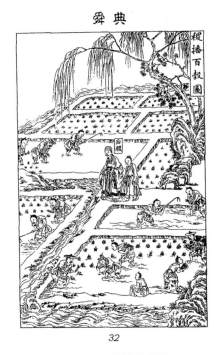

32

图2-137　稷播百谷图

33

图2-138　契敷五教图

---

① "舜为司徒"，其他文献"司徒"作"太尉"。"后稷为田畴"中的"后稷"是官名，这里的名字是"弃"，而弃担任的官职名称很多，在其他文献中作"大田""天官""司马"等。"倕为工师"中"工师"即"共工"职官。"益掌驱禽"，指益任"朕虞"，主管山泽。均见向宗鲁：《说苑校证》，中华书局1987年版，第10—11页。

34

图 2-139 皋陶明刑图

35

图 2-140 垂典百工图

36

图 2-141 益长众虞图

37

图 2-142 伯夷典礼图

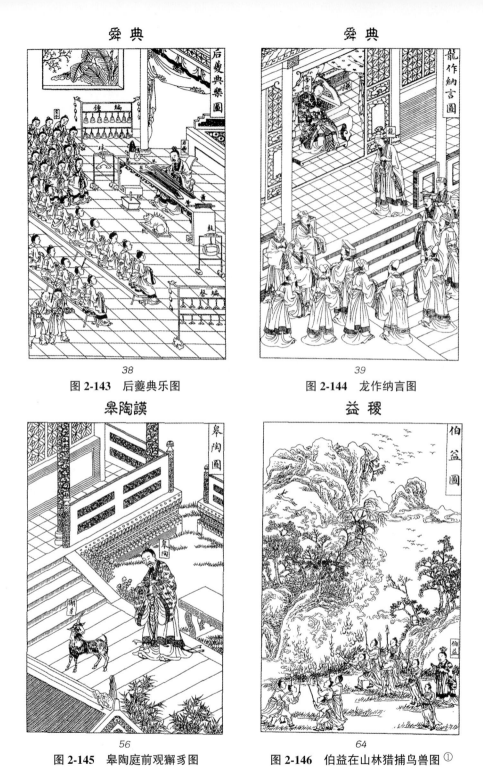

图 2-143　后夔典乐图

图 2-144　龙作纳言图

图 2-145　皋陶庭前观獬豸图

图 2-146　伯益在山林猎捕鸟兽图 ①

① 《尚书图解》，上海书店出版社 2001 年版，第 32、33、34、35、36、37、38、39、56、64 页。

114

图 2-147　汉墓漆画中的羿画像摹本 ①

2. 后羿图像

后羿图像是帝尧贤臣图像中最活跃的单元。在帝尧贤臣谱系中，后羿以射日、除害的动人神话事迹，获得后世更多关注。后羿是帝尧的射官，曾射落九日、除杀民害，辅佐帝尧建立宏大的事功。其形象早在汉代长沙马王堆汉墓漆画中出现。（图 2-147）

关于后羿除害的神话，有一段经典表述。《淮南子·本经训》记载："尧乃使羿诛凿齿于畴华之野，杀九婴于凶水之上，缴大风于青丘之泽，上射十日而下杀猰貐，断修蛇于洞庭，禽封豨于桑林，万民皆喜，置尧以为天子。"这段神话文本具体地描绘出后羿的功绩，常为后世援引。从文本可以看出，后羿射日、除兽害是受帝尧所命，体现的是帝尧高明的政治决断力。此类图像主要见于明清历史小说插图中，如明代《列国前编十二朝》"羿缴风断蛇"插图、《开辟衍绎通俗志传》"尧帝命羿射九日""平羿与民除兽害"插图等。（见图 2-148—图 2-150）

---

①［日］曾布川宽：《六朝帝陵——以石兽和砖画为中心》，傅江译，南京出版社 2004 年版，第 96 页。

图 2-148　明代"羿缴大风　　　图 2-149　明代"尧帝命羿　　　图 2-150　明代"平羿与民
断修蛇"插图 ①　　　　　　　　射九日"插图 ②　　　　　　　除兽害"插图 ③

　　明代钟惺所编《盘古至唐虞传》一书，绘制多幅后羿神话插图，较有特色。此书记述了盘古开辟至禹受禅让的故事，下卷有一回是"帝尧命羿治风日，浚井老狐救大舜"，后羿插图即配合此回文字而出现。每页版式分两栏，上图下文，图在月光圆形内，两旁有八字标题。如"羿连九箭射杀九日""羿射猰貐翻落坑中""羿在树后射中修蛇"，表现的是后羿射日、杀猰貐、断修蛇的神话故事。（见图 2-151—图 2-153）这些图像画幅虽小，但绘刻精工，后羿、害虫、草木都显现出各自的韵味。

　　3. 羲和图像

　　羲和二氏是帝尧贤臣谱系中的重要成员，他们是天文官，负责观象制历。《尧典》记载他们历象日月星辰，观察天象运行规律，制定了四时节气，如明代《列国前编十二朝》"羲和奏帝回作历法"插图。（见图 2-154）不过《尚书·胤征》又记载，羲和在夏朝时沉溺于酒，背离自己的职位，扰乱天时历法，致使发生日食，可见"羲和酒荒图"（见图 2-155）。

　　①　（明）余象斗编：《列国前编十二朝》，上海古籍出版社 1994 年版，第 290 页。

　　②　（明）周游：《开辟衍绎通俗志传》，上海古籍出版社 1994 年版，图像部分第 29 页。

　　③　同上书，图像部分第 30 页。

图 2-151　明代"羿连九箭射杀九日"插图

图 2-152　明代"羿射猰貐翻落坑中"插图

图 2-153　明代"羿在树后射中修蛇"插图①

---

　　①（明）钟惺辑：《盘古至唐虞传》下卷，金陵书林余季岳刊本，日本内阁文库藏，第 32 页左图、33 页右图、33 页左图。

图 2-154　明代"羲和奏帝回作历法"插图 ①

12

图 2-156　四岳举舜图 ③

139

图 2-155　羲和酒荒图 ②

图 2-157　明代"四岳往历山见舜帝"插图 ④

---

① （明）余象斗编：《列国前编十二朝》，上海古籍出版社 1994 年版，第 301 页。

② 《尚书图解》，上海书店出版社 2001 年版，第 139 页。

③ 同上书，第 12 页。

④ （明）余象斗编：《列国前编十二朝》，上海古籍出版社 1994 年版，第 348 页。

图 2-159　明代"四岳举崇伯侯
治水"插图 ②

图 2-158　明代"四岳举荐舜于帝尧"插图 ①

4. 四岳图像

在帝尧神话叙事中，四岳是四时官，分掌四方山岳，同时也行举荐之事。最重要的举荐人选是继任帝位的舜。《尧典》记载四岳向帝尧举荐舜，"四岳举舜图"即直观再现此故事。（见图 2-156）明代历史演义小说也有相类主题的插图，《列国前编十二朝》中有"四岳往历山见舜帝"图，讲四岳前往历山，召舜入朝接任尧之帝位；《盘古至唐虞传》中的"四岳举荐舜于帝尧"图，则描绘了四岳手持玉圭，跪地向帝尧举荐的情景。（见图 2-157，图 2-158）

除了荐舜，《尧典》中还记载四岳举荐伯鲧治水，只是鲧治水终究失败了。《列国前编十二朝》中亦绘制了"四岳举崇伯侯治水"插图，表现了四岳在帝尧政治决策中的重要地位。（见图 2-159）

（二）帝尧亲族图像

文献记载的帝尧亲族系列相对明确，有帝尧之父、母、兄、妻、子、女、婿、裔孙诸人。一般认为，帝尧父亲为帝喾，同父异母兄长叫挚，婿为帝舜，鉴于挚是负面人物，其神话事迹单一，帝喾、帝舜又可自成神话体系，故此三人不论。现选择帝尧母亲、妻子、子女、裔孙的神话事迹依次叙述，可以发现这些亲族人物既有传统神话中的特征，又融入地方化因素，形成同一人物的差异化叙事。

---

① （明）钟惺辑：《盘古至唐虞传》下卷，金陵书林余季岳刊本，日本内阁文库藏，第 36 页左图。

② （明）余象斗编：《列国前编十二朝》，上海古籍出版社 1994 年版，第 319 页。

1. 帝尧母亲图像

关于帝尧母亲，文献中有不同说法，这是由帝尧的不同出身决定的。比较正统的说法是帝尧是帝喾之子，母亲为帝喾之妃，称为陈隆氏，亦曰陈丰、陈锋氏。《大戴礼记·帝系》所记为"次妃曰陈隆氏，产帝尧"。《史记·五帝本纪》沿用此说："帝喾娶陈锋氏女，生放勋。"至于陈锋氏女之名，皇甫谧在《帝王世纪》中已明确称"陈锋氏女曰庆都"。

由于帝尧的特殊地位，母亲庆都也变得神圣起来。《潜夫论·五德志》认为她是神农炎帝之后，帝尧也应为神农之后。《春秋合诚图》等纬书描述庆都为天帝之女，与龙合婚而生帝尧，帝尧顺应天命而降生。这些来历和事件叙述，使身为帝王之母的庆都愈显尊贵，庆都也因神孕圣明的帝尧，而成为圣母女神，受到地方民众的祭祀。如前所述，在山西清徐县的帝尧庙中，帝尧母亲与舜禹母亲并称三圣母，共居于圣母殿。河北望都县建有尧母陵庙，在尧母正殿中塑庆都像，受到人们的尊奉。除了尧母塑像外，还有其他的图像形式，如望都县尧母雕塑、绘画等，详见后文。

2. 帝尧妻子图像

根据文献和田野资料，帝尧妻子对应两个名称，一是女皇，二是鹿仙女。

（1）女皇图像

文献中记载的帝尧妻子是女皇。《大戴礼记·帝系》中说："帝尧娶于散宜氏之子，谓之女皇氏。"《帝王世纪》曰："尧取富宜氏女曰女皇，生丹朱。又有庶子九人。"经过《大戴礼记·帝系》《帝王世纪》诸书的整理，女皇为帝尧妻已成定论。除了女皇，《帝王世纪》所使用的"庶子"一词，暗含帝尧尚有其他妃子，只是未见姓名。

从图像发展过程来看，女皇虽为历史典籍认可的帝尧之妻，但目前尚未发现单独绘制女皇的古代图像，如同缺失帝尧母亲庆都的图像一样。究其原因，可能是古代图像的遗失，也可能是她们始终依附于帝尧而未获得独立的地位，这与传统社会对女性的身份限定不无关系。

（2）鹿仙女图像

鹿仙女作为帝尧之妻，虽不见于正史记载，但在山西晋南和晋中一带却有极高的社会认同。在尧都区尧庙寝宫内，自民国以来的塑像就是帝尧与鹿仙女，二

图 2-160　帝尧与鹿仙女的成婚洞房

图 2-161　洞房内的新娘
　　　　　鹿仙女塑像

图 2-162　洞房内的天然石床

益稷

丹朱慢游图

75

图 2-163　丹朱慢游图 ①

人并排端坐，合祀至今（详见第三章庙宇景观图像部分）。

关于鹿仙女与帝尧的爱情神话，不仅充满奇幻的色彩，也间或弥漫着常人化的生活气息。常见的神话文本是：鹿仙女自幼生活在临汾姑射山仙洞沟，聪明善良，美丽热情。为了改善乡亲们的吃穿用度，她经常穿梭于南北仙洞，给人们传送火种，解决各种难题。帝尧上山牧马，遇到鹿仙女，二人一见钟情。当晚便在仙洞沟的鹿仙女洞牵手完婚。婚后鹿仙女与帝尧在临汾平阳城生活，不仅生下丹朱和娥皇、女英，还辅佐帝尧完成许多政事，护佑了一方的安宁。

临汾市仙洞沟是帝尧与鹿仙女婚恋神话的发生地，那里山川树木、洞窟梁沟成为他们爱情的见证，原本的自然物也被赋予神圣特质，随之生成相应的帝尧神话景观。② 如今，二人成婚的鹿仙女洞被冠以"华夏第一洞房"，成为仙洞沟的一处知名景观。洞内尚有鹿仙女塑像及一张天然石床。（见图 2-160—图 2-162）

（3）丹朱图像

丹朱是帝尧的儿子，傲慢顽劣，背负着不肖的恶名。《尚书·益稷》记载：

---

① 《尚书图解》，上海书店出版社 2001 年版，第 75 页。

② 参见张晨霞：《帝尧传说的景观叙事构成及意义——基于山西仙洞沟景观与帝尧传说互构的田野口述资料》，《楚雄师范学院学报》2020 年第 1 期。

"无若丹朱傲，惟慢游是好，傲虐是作。罔昼夜頟頟，罔水行舟。朋淫于家，用殄厥世，予创若时。"这段文字集中描述了丹朱的品行，傲慢、放纵、淫佚、好争讼，简直就是一个劣迹斑斑的浪荡公子。由于丹朱的无德，帝尧传贤而不传子，丹朱没有能够继承帝尧之位。《尚书图解·益稷》中有一幅"丹朱慢游图"，讲述的正是丹朱的诸种劣迹，他为人傲慢放纵，整日嬉戏无聊，甚至旱地行船，无事生非。（见图 2-163）

尽管丹朱被叙述得如此不堪，但他身为帝王之子，在人生路上必然面临更多的机遇与挑战。丹朱的人生神话，多与帝尧政治选择有关，或称帝，或在政治失利后被杀、放逐、受封等等，命运的不确定形成丹朱神话多样化的叙事。从某种程度上说，丹朱神话主要从属于帝尧政治神话范畴。比如《山海经》称述的帝丹朱葬地、帝丹朱台等，引发人们展开丹朱是否真正称帝的想象，为后世的丹朱神话设定了伏笔。

在《山海经》这部奇书中，丹朱化鴸鸟与丹朱国的神话颇具形象性，由此绘制的图像也是丰富多彩的。丹朱化鴸鸟的神话是讲丹朱与三苗联合抗尧失败后，自投南海而死。丹朱的魂魄化身为鴸鸟，样子像猫头鹰，爪子却像人手，整天自呼其名地叫着。（见图 2-164，图 2-165）丹朱国是由丹朱的子孙在南海建立的，也叫讙头国、驩朱国，这个国家的人样子奇特，长着人的脸、鸟的尖嘴和翅膀，每天在海边捕食鱼虾。（见图 2-166，图 2-167）

可以看出，丹朱形象在传统的帝尧神话叙事中备受关注，富有张力。除了这些传统神话外，当代的丹朱神话继续生长，主要出现两种新叙事，一是围绕丹朱墓产生的亡葬神话，二是丹朱形象由恶转善的神话。前者与丹朱墓所在的地理人文有关，如山西临汾尧都区丹朱墓、翼城县丹朱墓及河南范县丹朱墓等神话，图像论述见相关章节。后者是以一种发展的眼光看丹朱，展现了丹朱向善的一面。如山西长子县流传的丹朱送宝神话具代表性，讲丹朱为长子县带去母猪和麻种等特有物种，促进了长子县农业的发展。又如临汾市尧陵一带流传丹朱为帝尧选陵址的神话，讲丹朱在帝尧去世之后悔悟，错将帝尧埋葬在涝河北岸的尧陵，目前尧陵内有丹朱塑像，手执围棋子，寓意丹朱受到的帝尧教育。（见图 2-168）

[图4] 鵚 明·胡文焕图本

图 2-164　明胡文焕图本中的鵚鸟（丹朱）图

鵚状如鵄而人面人手臂　其臒多天亡出拒山

慧星横天鯨　魚死涙鵚鳴

于邑賢士見　放厥理至微

言之無況

图 2-165　清毕沅图本中的鵚鸟
　　　　　（丹朱）图①

[图1] 讙头国　明·蒋应镐绘图本

图 2-166　明蒋应镐图本中的丹朱国（讙头国）图

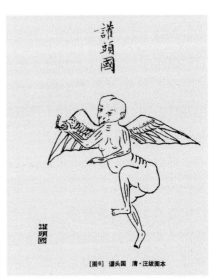

讙頭國

讙頭國

[图6] 讙头国　清·汪绂图本

图 2-167　清汪绂图本中的丹朱国
　　　　　（讙头国）图②

---

① 马昌仪：《古本山海经图说》，广西师范大学出版社 2007 年版，第 50、52 页。

② 同上书，第 708、711 页。

图 2-168　山西临汾市尧陵内的丹朱像

4. 娥皇女英图像

　　帝尧有两个女儿，名叫娥皇、女英。刘向《列女传》明确记载二女的身份："有虞二妃者，帝尧之二女也，长曰娥皇、次曰女英。"[①]从文献记载来看，身为帝尧之女，二人参与了帝尧的政治生活，在禅让这一重大事件中起着不可替代的作用。通过与舜结为夫妻来考察舜的德行，舜践帝位后，二女升为舜妃。刘向为二女列传，肯定她们的盛德和劳苦行为，为后世树立起二女形象的道德典范。

　　为宣扬妇女的德行，历代不乏二女图像。明代刊刻《列女传》时，配有二女

---

① 《列女传·高士传》，刘晓东校点，辽宁教育出版社 1998 年版，第 1 页。

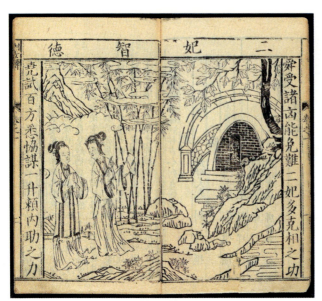

图 2-169 明代二妃智德图 ①

图 2-170 明代有虞二妃图 ②

图，图后的传说明二女助舜，是有德有智的杰出女性，图上方题名"二妃智德"。
（见图 2-169）《历代名媛图说》中的"有虞二妃"，亦被塑造为贤良妇女之典范。
（见图 2-170）

---

① （汉）刘向撰、（明）茅坤补：《新镌增补全像评林古今列女传》，明万历十九年（1591），余文台
三台馆刊本，第 1—2 页。

② （明）汪氏辑、清光绪铅印本：《历代名媛图说》，载郭磬编：《中国历代人物像传续编》附录，齐
鲁书社 2014 年版，第 1877 页。

帝二女①蒋本

**图 2-171　明蒋应镐图本中的
二女水神图** ①

**图 2-172　清汪绂图本
中的二女水神图** ②

①　马昌仪：《古本山海经图说》，广西师范大学出版社 2007 年版，第 693 页。

②　同上书，第 694 页。

图 2-173　山西尧陵二女塑像

在帝尧神话叙事中，二女嫁给舜为妻。舜南巡崩于苍梧，二人奔赴，不幸死于湘江中，魂魄遂化为湘江女神。二女神出入所到之处，常伴以狂风暴雨。明清所辑的《山海经》古绘本中，展示了二女水神的形象，她们衣带飞舞，悠然游玩于江渊之上，一派缥缈的气象。（见图 2-171，图 2-172）

回到当代，二女形象散发着满满的人间烟火味。如尧都区尧陵的二女塑像，一位抚琴，一位针黹，从衣着饰物、动作场景都是日常所见，体现着女性勤劳聪慧的优秀品质。（见图 2-173）

5. 帝尧后人图像

帝尧的后人以夏朝的刘累为代表。《左传·昭公二十九年》明确记载："有陶唐氏既衰，其后有刘累，学扰龙于豢龙氏，以事孔甲，能饮食之。"

刘累作为陶唐氏的后裔，是夏朝的御龙氏。刘累御龙的形象也固化下来，成为后世对这位帝尧后人的经典记忆。（见图 2-174）河南鲁山县的刘姓始祖苑，展

图 2-174　河南鲁山县刘姓始祖苑刘累塑像（张文谦提供）

现了刘累御龙的事迹，也被建构成一处祭祀刘累先祖的纪念地。（具体分析见第三章）

（三）帝尧高士仙人图像

帝尧时期天下大治，风俗淳厚，帝尧巡访民间，遇到不少德行出众、不事王侯的得道高人。温恭克让的帝尧，得遇天下高士，求学问道，拜以为师。这些高士贤人禀赋不同，个性鲜明，他们的出现既说明帝尧治下人们的自在生活和自由人格，同时也映衬了帝尧的宽广胸襟与高尚品行。西晋皇甫谧《高士传》中汇集了尧时的许多高士。

还有一类仙人群体，他们擅长某种神仙方术，能够精神专一，应物变化，其事迹主要载于汉代刘向《列仙传》中。这些仙人与帝尧的故事，表现出人们对帝尧生命的关爱，也从侧面反映出帝尧的治世精神。

1. 高士群体肖像

帝尧时期的高士除我们熟知的许由、巢父、壤父外，还有尹寿、务成子、子州支父、善卷、王倪、齧缺、蒲伊子等人，他们或为帝尧之师，或为被帝尧举荐治天下的人。清末画家任熊绘制了《高士传》中的一些人物，如巢父、许由、王倪、齧缺、善卷、子州之父、壤父、蒲衣子，每人一图，人物衣折如银勾铁画，有高逸之气。

（1）尹寿

尹寿为帝尧师的记载早见于《荀子·大略》，文中写道："尧学于君畴，舜学于务成昭。"此处尧的老师是君畴，君畴就是"尹寿"。在《新序·鲁哀公问子夏曰》中，子夏对哀公说："尧学乎尹寿，舜学乎务成跗。"[①]又有《帝王世纪》记载："（尧）以尹寿、许由为师。"[②]

（2）务成子

将上文提到《荀子·大略》中的尧舜之师对调，务成子从舜之师变为尧之师。西汉韩婴《韩诗外传》记载："尧学乎务成子附，舜学乎尹寿。"附是务成子的名。王符《潜夫论·赞学》亦曰："尧师务成，舜师纪后。"

（3）子州支父

子州支父，姓子，名州，字支父，亦称子州友父、子州支伯。《吕氏春秋·尊师》记载："帝尧师子州支父，帝舜师许由，禹师大成贽。"《新序·吕子曰》又记："帝尧学州支父，帝舜学许由"。《庄子·让王》与《高士传》均记载："尧以天下让许由，许由不受。又让于子州之父。"可见，子州支父既是帝尧之师，又曾经辞让帝尧之帝位，称得上养性得道的高士。（见图 2-175）

（4）善卷

善卷，也作善绻。《吕氏春秋·下贤》记载："尧不以帝见善绻，北面而问焉。尧，天子也；善绻，布衣也。何故礼之若此其甚也？善绻得道之士也。"《高士传》中说："善卷者，古之贤人也。尧闻其得道之士，乃北面师之。"如此说来，帝尧曾"北面"拜善卷为师，虚心请教。（见图 2-176）

（5）王倪、齧缺

据《庄子·天地》载："尧之师曰许由，许由之师曰齧缺，齧缺之师曰王倪，王倪之师曰被衣。"这是说许由的老师是齧缺，齧缺的老师是王倪。《高士传》亦记载王倪和齧缺的怀道抱德之贤事。（见图 2-177，图 2-178）

（6）蒲伊子

蒲伊子又作蒲衣子、被衣、披衣。依上文，被衣为王倪之师。值得注意的

---

①　赵仲邑：《新序详注》，中华书局 1997 年版，第 142 页。

②　（晋）皇甫谧：《帝王世纪》，辽宁教育出版社 1997 年版，第 10 页。

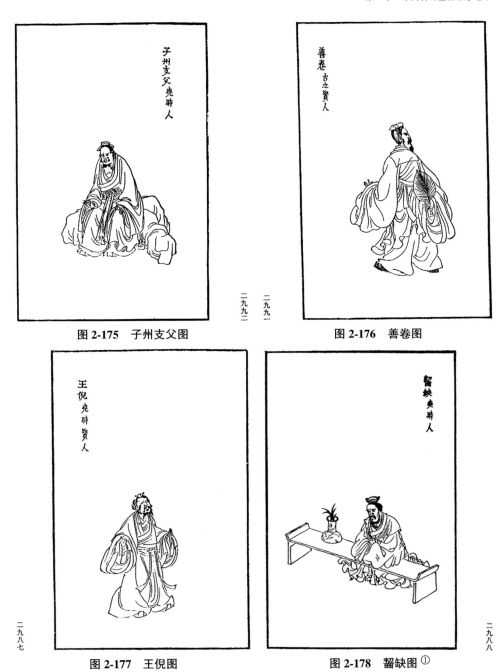

图 2-175　子州支父图

图 2-176　善卷图

图 2-177　王倪图

图 2-178　齧缺图①

① （清）任熊绘：《高士传》，载郭磐、廖东编：《中国历代人物像传》，齐鲁书社 2002 年版，第
2987、2988、2991、2992 页。

图 2-179　蒲衣子图 ①

图 2-180　山西蒲县太星公园内的尧师讲道塑像

---

①（清）任熊绘：《高士传》，载郭磬、廖东编：《中国历代人物像传》，齐鲁书社 2002 年版，第 2995 页。

许由
陽城槐里人

巢父
堯時隱人

二九九〇　二八九

图 2-181　许由图　　　　　　　　　图 2-182　巢父图 ①

是，山西蒲县将蒲伊子神话地方化，以蒲伊子潜居于当地蒲伊村中，帝尧闻贤前往拜师为依托，将蒲伊子推为帝尧之师，通过蒲伊子给帝尧讲道等景观图像宣扬蒲伊子文化。（见图 2-179，图 2-180）

2. 许由与巢父图像

许由、巢父均是尧时隐居的高士。《庄子·让王》指出："尧以天下让许由，许由不受。"正是许由拒位"不受"一事，引出巢父形象，通过他们的举止言谈，成功刻画了两位清廉洁己的高人。《高士传》则讲述了许由推让帝位的具体过程，所包含的许由隐居箕山、许由洗耳、巢父饮牛等情节要素，生动展示了两位高士的超逸品行。在一洗耳、一饮牛的故事中，许由和巢父的形象变得真实可感，仿佛就在我们身边，却又难以企及，帝尧创世神话中的经典高士形象莫过于此。（见图 2-181，2-182）

① （清）任熊绘：《高士传》，载郭磬、廖东编：《中国历代人物像传》，齐鲁书社 2002 年版，第 2989、2990 页。

图 2-183　明代"巢父不肯受尧帝禅"
插图①

图 2-184　明代"巢父牵犊饮上流水"插图②

图 2-185　民国"巢父洗耳"图③

---

① （明）余象斗编：《列国前编十二朝》，上海古籍出版社 1994 年版，第 342 页。
② （明）钟惺辑：《盘古至唐虞传》下卷，金陵书林余季岳刊本，日本内阁文库藏，第 35 页左图。
③ （民国）马骀：《马骀画宝·古今人物画谱》，湖北美术出版社 2016 年版，第 59 页。

图 2-186　山西襄汾县城尔里村巢父洗耳壁画

　　许由与巢父不为功名利禄而改变志向，这种高尚品行受到历代文人画家的钟爱。他们常以二人的事迹为题材，通过"洗耳""饮牛"的画面来表达情志。如明代小说插图"巢父不肯受尧帝禅"（见图 2-183）、"巢父牵犊饮上流水"（见图 2-184），以及清末民初画家马骀绘制"巢父洗耳"图。（见图 2-185）

　　这个系列的故事中还有一位饮牛的高士，名叫樊仲父。在清康熙《平阳府志·隐逸》中有这样的描述："樊仲父，尧时人，牵牛饮水，见巢父洗耳，乃驱牛还，耻令其牛饮于下流。"地方志所记载的樊仲父为山西襄汾县人，他在此次帝尧让位事件中表现出的品节，某种程度上要超越许由、巢父。显然樊仲父的形象极为独特，他的存在折射的是地方文化的创造或传承，值得进一步探究。襄汾县城尔里村的壁画（见图 2-186），表现的即是樊仲父避开巢父洗耳处而将牛牵至洗耳河上游的故事。

图 2-187　壤父图 [1]

3. 壤父图像

壤父作为高士形象出现在《高士传》中，是皇甫谧改造经工的结果。壤父的事迹最早见于东汉王充《论衡·艺增》转引的《尚书大传》，此时的壤父是一位从事击壤活动、吟唱古歌的老者。到皇甫谧写作《帝王世纪》时，便称之为"壤父"，描述了他在天下大和的帝尧之世，击壤而歌，过着"日出而作，日入而息，凿井而饮，耕田而食"的自在生活。壤父已然被塑造为一位超然于世的高士。（见图 2-187）

但壤父与许由等人毕竟不同，他并非隐士，而是过着寻常的生活。他的言谈举止既是世代民众经历的原生态展示，又在不经意间散发出深沉睿智的魅力，对于广大民众的精神更具示范性。作为一位普通的尧民，他的行为在最大程度上勾

---

① （清）任熊绘：《高士传》，载郭磐、廖东编：《中国历代人物像传》，齐鲁书社 2002 年版，第2993 页。

图 2-188　山西襄汾县席村文化广场
　　　　席公像（张云岗提供）

图 2-189　击壤图壁画（张云岗提供）

勒出民众的理想生活，体现出帝尧无为而治的政治境界。此后，"击壤"便与帝尧治世联系在一起了，尧民击壤也成为后世绘画常见的主题。

有意味的是，壤父在山西地方社会中再次变化，不仅有了具体姓氏、里籍，而且从击壤老人上升为帝尧之师。清康熙二十一年（1682）《山西通志·古迹》"击壤处"载："在府城北三里，相传尧时席老师击壤歌者，古迹湮没。"这已明确指出壤父就是席老师。其他府志、县志中又记载席老师为太原人或襄汾县席村人。现襄汾县席村文化广场的围墙上，精细地绘制了席公及其击壤的图像。（见图 2-188，图 2-189）

4. 仙人图像

结合《列仙传》与地方志中的记载，可知帝尧时期的仙人有偓佺、藐姑射山神人、彭祖、赤将子舆、方回等。

（1）偓佺

偓佺是尧时的药仙。据《列仙传》记载，偓佺将松树果实赠送给尧，想让尧长寿，但尧没有时间服食，而吃过这种松子的人都活到二三百岁了。这则神话表达出人们对帝尧的健康祝愿，也从侧面反映了帝尧勤政的美德。

图 2-190　明代彭祖像 ①　　　　　　图 2-191　清代彭祖像 ②

（2）藐姑射山神人

藐姑射山神人事迹出自《庄子·逍遥游》，此神人居住于藐姑射之山，不食五谷，吸风饮露，是一位得道的神仙。尧前往拜见后，怅然若失，忘记了自己的天下之位。这一神话被清康熙《平阳府志》引述，并指出藐姑射山神人是临汾人。

（3）彭祖

彭祖，又称篯铿、彭铿、陆终，在世七八百岁，《庄子》称其以长寿闻于世。在帝尧神话中，彭祖有双重身份，一为帝尧的贤臣，被尧举用，如前文所述；二为仙人，善于气功导引之术，甚至能满足人们祈请风雨的心愿。彭祖的此类图像常手持老杖，面部长须，额头隆起。如明代《仙佛奇踪》刻本及清代木刻中的彭祖像。（见图 2-190，图 2-191）

---

① （明）《仙佛奇踪》刻本，转引马书田、马书侠：《全像福寿财神》，江西美术出版社 2008 年版，第 119 页。

② 来新夏编：《清刻历代画像传》，天津人民美术出版社 2004 年版，第 21 页。

**图 2-192 清代
"彭铿斟雉"图**[①]

彭祖的诸多仙事除了养气，也在于养生。他擅长制羹养生，曾发明一种健康美味的鸡羹汤，并以这种食物敬献帝尧，获得了肯定和赞誉。彭祖以羹献尧的事迹，可视为臣民表达爱戴帝尧之情的一个缩影，是帝尧神话史上不能忽视的美谈。屈原《天问》中即有"彭铿斟雉，帝何飨？"对此，清代萧从云绘制的"彭铿斟雉"图，表现的正是这个动人场面。（见图 2-192）

（四）帝尧神话名物图像

在帝尧创世神话中会提到一些具体名物，或外形奇特，或能力超凡，或具有现实功用。这些名物的出现多与帝尧的治世相联系，常常成为帝尧时代的标志物。帝尧神话图像中的名物分三种，一是宫室发明物，二是神异瑞应物，三是地

[①] （清）萧从云绘、门应兆补绘：《离骚全图》，上海古籍出版社 2016 年版，第 64 页。

方民间风物。

1. 宫室发明物图像

这里的宫室发明物是在帝尧执政过程中创造的，用于听取民情，改进对策，主要是"欲谏鼓""诽谤木"。

（1）欲谏鼓

"欲谏鼓"见于《吕氏春秋》等文献中。如《吕氏春秋·自知》记载："尧有欲谏之鼓，舜有诽谤之木。"东汉高诱注："欲谏者击其鼓也。"[1]这里的"欲"为想要、希望，是说提供想要进谏的人用的鼓，以此表现帝尧虚心求教的品行。《尚书图解》中的第一幅图，在宫门两旁分别设立"敢谏之鼓""诽谤之木"，表明二物在帝尧治政中的重要性。（见图 2-193）

（2）诽谤木

"诽谤木"多被认为是帝尧时所设立，是帝尧勇于纳谏矫正的象征性表木。在《史记·孝文

图 2-193 敢谏之鼓和诽谤之木图 [2]

本纪》中，西汉文帝曾提到："古之治天下，朝有进善之旌，诽谤之木，所以通治道而来谏者。"这里的"进善之旌，诽谤之木"，后世注家多有解释。应劭曰："旌，幡也。尧设之五达之道，令民进善也。"韦昭云："虑政有阙失，使书于木，此尧时然也，后代因以为饰。"郑玄注《礼》云："一纵一横为午，谓以木贯表柱

① 陈奇猷:《吕氏春秋新校释》，上海古籍出版社 2002 年版，第 1611 页。

② 《尚书图解》，上海书店出版社 2001 年版，第 1 页。

四出，即今之华表。"①

由这些记述可知，帝尧善用诽谤之木，敢于纳谏，广开言路，创造了上情下达、政通人和的太平之世。同时，上述文献还指出诽谤木的不同形态。诽谤木在后世不断演变，有立在十字路口作路标的，有立于陵墓前称墓表的，最出名的是变成装饰或标志用的华表柱。

汉代画像石中的华表图像非常典型。山东沂南县北寨汉代石墓中（俗称将军冢），有许多画像石，其中墓室门楣上雕刻有胡汉战争的画面。这场战争发生在一座大桥上，这座线刻大桥的两端竖立着一对华表，表柱粗壮雄伟，柱顶端置三角形构件，构件上刻两个三角形镂孔，或以为是华表柱顶上的交叉华板。这是由尧时的诽谤木演变的，代表着早期华表的形状，即在一根木柱上置物，表现某种象征意义。（见图2-194）

类似的华表图像还有苍山县（今兰陵县）前姚汉墓画像石，所绘制发生胡汉战争的斜拱桥两端，各有一华表，华表顶端是一心形物。临沂市吴白庄汉墓画像石的华表顶端亦是心形物，同时饰有数个圆圈纹饰，显得美观华丽。（见图2-195，图2-196）

由诽谤木发展的华表成为社会和谐的象征。天安门前矗立的明代华表，昭示着帝尧建立的开明治世，体现着华夏文明的优良传统，某种程度上是我们民族的一种标志。在帝尧神话叙事的核心区域，也生成了华表图像景观。2001年山西临汾市尧都广场修建了华表柱，可视为帝尧建都于临汾观念下的实物表征。这一华表柱立于中国立体地形微缩景观上，系汉白玉雕刻而成，华表柱高21米，象征21世纪，比大连星海广场的华表还要高。（见图2-197，图2-198）

2. 神异瑞应物图像

神异瑞应物是将人间与上天感应联系起来，以天降祥瑞象征世间的清平，也用以颂扬帝尧的修德仁政。帝尧之时的瑞应除了常见的日月天象变化外，主要是鸟兽草木之瑞应。

（1）草木类

"蓂荚"是一种草，观察其生长可以确知月历天数，为帝尧时代非常有特

---

① （汉）司马迁：《史记·五帝本纪》，中华书局1982年第2版，第424页。

图 2-194　山东沂南县北寨
汉画像石中的华表

图 2-195　山东前姚汉墓画像石中的心形华表 ①

图 2-196　山东吴白庄汉墓画像石中的心形华表

---

①　张从军:《黄河下游的汉画像石艺术》,齐鲁书社 2004 年版,第 245 页。

图 2-197　临汾尧都广场华表柱

图 2-198　临汾尧都
广场华表柱局部

图 2-199　明代"帝庭生荚草验日数"插图 ①

色的瑞应物。(见图 2-199)《尚书中候握河纪》曰:"草夹阶而生,月朔始生一荚,月半而生十五荚。十六日已后,日落一荚,及晦而尽。月小尽则一荚焦而不落。名曰蓂荚,又曰历荚。尧观之以知晦朔,故又名历荚。"② 类似的记载还见于《述异记》《帝王世纪》中。这种草的奇妙之处是它以荚果的数量,显示自己的生长周期,一个周期的时间正好对应一个月的晦朔。可以说,此草的意象既显示了大自然的神奇创造,也适应了帝尧发明历法的需求。

还有两种瑞草,分别是"箑脯"和"屈轶草"。"箑脯"故事出现于《尚书中候握河纪》中,讲述的是在尧时期,厨房中自己生出一种肉,这种肉轻薄如羽扇一般,摇动它可产生风,从而让厨房内的食物冷却而不腐烂变味,非常神奇。③ "屈轶草"故事是在张华《博物志·异草木》中,文曰:"尧时有屈佚草,生于庭,佞人入朝,则屈而指之,一名指佞草。"④ 此草有特殊功能,能帮助帝尧分辨忠奸,指出奸佞之人。

(2)鸟兽类

鸟兽类的瑞应物有麒麟、重明之鸟、獬豸等。

麒麟是传统的吉兽,往往出现于圣王的治世之中。在晋代王嘉的笔记小说《拾遗记》中,有帝尧之世出麒麟的描述:"尧在位七十年,有鸾雏岁岁来集,麒麟游于薮泽,枭鸱逃于绝漠。"以麒麟来表现帝尧治世的图像可见于明清小说插

---

① (明)钟惺辑:《盘古至唐虞传》下卷,金陵书林余季岳刊本,日本内阁文库藏,第 35 页右图。

② [日]安居香山、中村璋八辑:《纬书集成》,河北人民出版社 1994 年版,第 423 页。

③ 同上书,第 425 页。原文为:"厨中自生肉,厥薄如箑,摇动则风生。食物寒而不臭,名箑脯。"

④ 范宁:《博物志校证》,中华书局 2014 年版,第 39 页。

图，如"尧帝即位麟兽出游"。（见图2-200）

重明之鸟也常与帝尧之世联系起来。王嘉《拾遗记》中还记载了这种"重明之鸟"，目有双睛，善于鸣叫，并能逐猛兽虎狼，伏魑魅丑类，为人们驱灾除害，带来安宁。它是帝尧治世

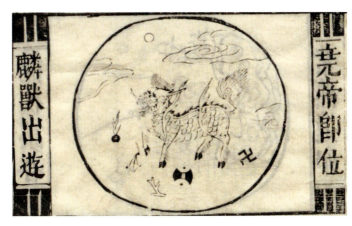

图2-200 明代"尧帝即位麟兽出游"插图①

的祥瑞之物，后来演变为用木材、金属、图画仿制此鸟，悬挂于门户之间。晋代时以公鸡来代替，类似消灾避邪的门神，这种风俗一直延续至今。在山西临汾民间，每到年节都会选用公鸡年画、公鸡剪纸等，将此公鸡图贴于窗户、门口、照壁诸处，以示吉祥吉利。（见图2-201，图2-202）

图2-201 平阳木版公鸡年画（赵国琦提供）　　　图2-202 现代剪鸡贴画
（陈静强提供）②

① （明）钟惺辑：《盘古至唐虞传》下卷，金陵书林余季岳刊本，日本内阁文库藏，第30页左图。

② 陈静强编：《山西民间百鸡剪纸集》，山西春秋电子音像出版社2006年版。

图 2-203　明《三才图会》中的獬豸图 ③

獬豸亦为尧时神兽，长相如羊，头上生有一角，专用来触撞有罪之人。它是帝尧大臣皋陶的得力助手，主要是帮助皋陶治狱断案的。《田俅子》记："尧时有獬廌，缉其皮毛为帐。"① 《说文·廌部》曰："解廌，兽也，佀牛一角。古者决讼令触不直者。"② 獬豸图像既见于古籍《三才图会》中，（见图 2-203）也常见于现代庙宇景观中，如山西尧都区尧陵的獬豸、洪洞县唐尧故园内的獬豸（见图 2-204，图 2-205）。

3. 地方风物图像

在帝尧神话地方化过程中，会与当地的风物、民俗相结合，产生一些富有地域特征的具体名物。这类名物往往为本地寻常而邻近地域罕见之物，或是在本地生产生活中比较重要的风物。关于这些名物来历的神话，常常是由帝尧发明或是使用过的，也可能是帝尧外出巡察所遇见的。在帝尧创世神话中，这些名物中阔大者可为山川沟壑，如尧山、丹山、丹陵、伊祁山、庆都山、尧河、唐河、尧水、尧神沟、尧泉、马刨泉等，精微者如尧井、陶器砂锅、石具、锣鼓、酸枣树、芦指草、骡马、公鸡等，也有饮食类的风物，如尧饭、石头饼、尧茶、尧酒、清徐醋等。

现选择两种代表风物，一为尧井，二为酸枣树。

尧井是帝尧神话中常出现的风物，通常是讲帝尧遇到干旱，亲手为民开凿水井，解决饮水问题。井的挖掘使用是先人的文化创造，它改变了逐水而居的被动

---

①② 转引自黄晖：《论衡校释》，中华书局 1990 年版，第 761 页。

③ （明）王圻、王思义编集：《三才图会》，上海古籍出版社 1988 年版，第 2202 页。

图 2-204　尧都区尧陵新山门前的獬豸塑像

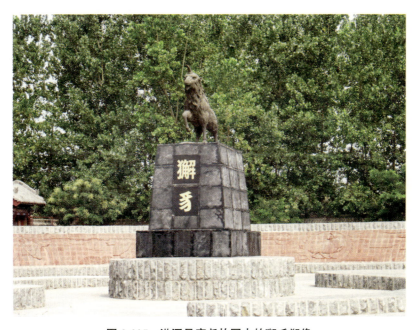

图 2-205　洪洞县唐尧故园内的獬豸塑像

局面，使人类可以自由选择居住地，为农业的发展争得一块自由的空间。关于水井的开凿，历史文献中有"黄帝穿井""伯益作井"等不同记载，而尧凿水井并未见于文献，但这并不妨碍地域文化传统的形成。许多地方都有传说中帝尧开凿的古井，如今有的井成了遗址，如山西浮山县尧山上的古井（龙井）、翼城县尧都村尧井、清徐县尧城村西的龙井，有时井依然保持清澈洁净的水质，如黎城县六井古社坛、尧都区伊村的尧井等。

其中最有影响的莫过于尧都区尧庙内的尧井。据清康熙十二年（1673）《临汾县志·山川》记载，尧井"在尧庙殿前，寒泉鬐沸，为亭覆之。相传尧建都时所凿。"地方志早已将此井与尧亲手开凿建立了联系。此水井又称"天下第一井"，位于尧庙广运殿前，清代为井亭，现恢复为仿元代规制的尧井台。中间是圆形井口，井台周设青石围栏，四面皆有台阶，古朴简约的井台设置更符合人们对尧时代水井的想象，同时也能教育后人要饮水思源，不忘帝尧功德。（见图 2-206）

图 2-206　尧都区尧庙尧井

图 2-207　尧都区尧帝古居酸枣树的直刺

　　酸枣树是帝尧神话中的又一特色风物，也是帝尧神话传播的重要纪念物。此树是北方乡间常见的古老树种，浑身长满尖刺，刺上常见弯钩，生命力和繁殖力都极强。这种寻常之物与帝尧行踪联系起来，在帝尧的命令或口封下，其特征发生某些改变。这是一则流传很广的帝尧神话。相传酸枣树上的刺原来是带弯钩的，尧王或尧王夫人下令不许长钩后，再无弯刺了。在山西尧都区尧帝古居内，至今生长着这样的酸枣树。（见图 2-207）

四、图像内容谱系

　　帝尧创世神话图像的内容是由后世对帝尧身份的认知决定的。从历史文献记载来看，帝尧身居古帝之高位，圣贤有为、德配天地，在治国理政、道德教化方面都取得突出的成绩，因而作为有功之祖先进入宗庙，受到国家正统的祭祀。除了帝王祖先信仰外，帝尧还被视为天官等神，进入神灵信仰体系之中，这在民间祭祀中非常突出。因此，帝尧作为古代君王道德的典范，是集帝王、圣人、祖先、神灵等多重身份于一身的，他的形象体现了人们心目中对圣明帝王的认识和期待，也可以说"是无数个道德祖先、文化英雄的代表和化身，是中国人按照自己的本土文化不断丰富和发展形成的创世大神。"①

在历史传统和空间因素作用下，帝尧神话图像形成多层面、立体化的表现内容。首先是作为帝王的人物图像。帝尧的主流图像多是冠冕朝服，仪态儒雅谦和，这符合帝尧作为圣王的身份，也是人们认可的帝尧最突出的品质特征。其次是展示帝尧治国具体事迹的图像。再次，帝尧信仰的图像广泛存在，在地方社会中发挥着重要作用。最后，帝尧根祖图像与家事图像，展现出帝尧的祖先形象和身世、家庭、亲族情况，极富人性化和生活化特征。21 世纪以来，这类图像得以蓬勃发展。据此，帝尧神话图像的内容可分为帝尧人物图像、帝尧治政图像、帝尧信仰图像、帝尧根祖与家事图像四类。

（一）帝尧人物图像

从帝尧图像发展历史看，此类图像产生较早，最初就是按照圣贤帝王的形象绘制出来的，经过历代文人画工的创作想象，以帝尧的尊贵、儒雅、质朴的精神为主导，基本形成大致固定的帝尧人物图像模式，即头戴冠冕、三绺胡须、身穿交领右衽礼服。帝尧人物图像按创作时代不同，主要分为传统肖像绘画和现代艺术图像。

1. 传统肖像画

帝尧肖像画最早虽见于汉画像石刻，但从本章图像时间谱系一节来看，帝尧肖像画仍是以传统绘画为主，采用工笔画和版画的形式。

（1）工笔画

古代工笔画留存下来的较少。最有代表性的是南宋马麟绘制的帝尧冠冕立像，精妙绝伦，堪称帝尧肖像画经典之作。此画作历经元明，在清代成为清廷的收藏品，被列入南薰殿的图像之中。据清胡敬辑《南薰殿图像考》记载，帝尧肖像画轴，纵七尺七寸六分，横三尺五寸，设色。帝尧立像，长五尺一寸二分，冠服赤舄。上方标题"尧"，赞曰："大哉帝尧，盛德巍魏。垂衣而治，光被华夷。圣神文武，四岳是咨。揖逊之典，万世仰之。"②关于此画的具体分析，详见第

---

① 田兆元、唐睿、毕旭玲：《中华创世神话人物图像谱系》，上海人民出版社 2020 年版，第 13 页。
② 《历代书画录辑刊》第 1 册《南薰殿图考》，北京图书馆出版社 2007 年版，第 493—494 页。

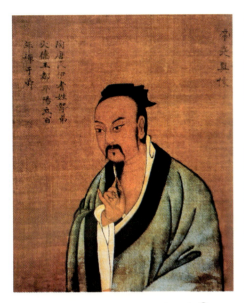

图 2-208　清代乾隆年间帝尧像 ①　　　图 2-209　清代康熙年间帝尧像 ②

三章。

　　宋代马麟所绘帝尧像对后世影响颇大。如清代乾隆年间（1736—1796）制的一幅帝尧像，此像应为摹写马麟之作，帝尧的样貌、冠服、神态皆同，只是设色和像后题识有异。题曰"帝尧真像"，赞文为"陶唐氏伊耆姓，挚弟，火德王，都平阳，立百年，禅于舜。"（见图 2-208）

　　清代还有一幅彩绘帝尧像值得关注。此像出自清《历代帝王圣贤名臣大儒遗像》图集。图像前面的题记以法文书写，日期为 1771 年，接着录康熙二十四年（1685）常岫手书的小序，由此推知书中图像应为康熙年间编辑完成。图像中的帝尧像配有人物传略，百余字的"帝尧陶唐氏"介绍了帝尧的生平简历。帝尧肖像相貌俊朗，儒雅沉稳，颇具名士风范。（见图 2-209）

　　（2）版画

　　与工笔画相比，帝尧肖像版画在明清时代繁荣发展。绘刻的帝尧人物或刚

---

①　《历代帝王像真迹》，河北美术出版社 1996 年版，第 3 页。

②　（清）《历代帝王圣贤名臣大儒遗像》第 1 册，现藏于法国国家图书馆。

图 2-210　明《历代古人像赞》中的帝尧像 ①　　　图 2-211　明《古先君臣图鉴》中的
　　　　　　　　　　　　　　　　　　　　　　　　　　　　帝尧像 ②

劲，或工致，有的图像今天看起来依旧神采奕奕。这些版画多出现在圣贤图集
中，且帝尧为半身像，人物样貌服饰非常相近。这类图集主要有明朱天然《历代
古人像赞》、明潘峦《古先君臣图鉴》、明胡文焕《历代圣贤像赞》，以及明代类
书《三才图会》。

　　在明代刊刻最早的版画集《历代古人像赞》中，收录了帝尧的肖像。帝尧为
半身画像，头戴冠帽，穿交领右衽玄端服，白罗方心曲领，无章彩纹饰。面部是
八分像，眉粗目长，鼻丰隆如悬胆，嘴唇上部和下颌处均有须，两耳厚润，神态
庄重而不失谦和。肖像边的右上角题"帝尧"，左上角有四句小赞："天道斯成，
地道斯平。一中授受，万世文明。"与像对应的赞文，主要概括了帝尧的生平小
传，用行楷书写，内容言简意赅。从这个帝尧像的造型来看，符合上古帝王礼
制，刻画生动传神，线条坚劲圆润，人物神态自然，因而成为后来帝尧版画制作
者效仿的样本。（见图 2-210）

---

① （明）朱天然：《历代古人像赞》，文物出版社 2018 年版，第 19 页。
② （明）潘峦：《古先君臣图鉴》上册，万历十二年（1584）刻，第 13—14 页。

图 2-212　明《新刻历代圣贤像赞》中的帝尧像 ①　　**图 2-213　明《三才图会》中的帝尧像** ②

　　明代潘峦所编《古先君臣图鉴》，刻于万历十二年（1584），现藏于日本。此书中帝尧像为半身，人像后页配有小传及古赞。帝尧像束发戴冠，雍容肃穆，若有所思。图像线条挺拔劲健，赞文内容充实明快。（见图 2-211）

　　明代胡文焕刊刻《历代圣贤像赞》，成书于万历二十一年（1593）。帝尧人物画像及赞文，采用右图左文的形式排列。图中帝尧侧身，束发戴冠，九分面部，五官形貌与之前版画相近，粗疏有致的线条运用，使帝尧在儒雅中透出几分刚毅。图像右上角题名"帝尧像"，并以四字一句，设置帝尧赞，共三十二个字："配地博厚，并天高明。浑浑莫测，荡荡难名。百王之准，群圣之祖。日月光华，照彻九土。"（见图 2-212）

　　除了以上圣贤图像集，在明代万历时所刻图谱性类书《三才图会》中，也收入帝尧人物插图。此图与前面论及诸书中图像相类，线条流畅神逸而不失严谨，画面上方刻"帝尧陶唐氏"，属于帝尧标准半身像。（见图 2-213）

---

①　（明）胡文焕：《新刻历代圣贤像赞》，载郭馨编：《中国历代人物像传续编》，齐鲁书社 2014 年版，第 29 页。

②　（明）王圻、王思义编集：《三才图会》，上海古籍出版社 1988 年版，第 528 页。

图 2-214　清代小说中的帝尧像 ①

① （清）《绘图开辟演义》，上海珍艺书局清光绪十九年（1893）排印本。

此外，帝尧肖像图还出现在明清小说插图中。如清光绪《绘图开辟演义》正文前有数幅绣像，其中一幅是图绘帝尧像。此图为帝尧坐于太师椅上，俯首沉思，谦和恭谨。身上着华丽的冕服，上施繁复的水云纹饰，头顶戴着一平面状冕板，前低后高，前窄后宽，无垂旒、充耳等饰物，颇类后世的平天冠，表明帝尧的尊贵身份和地位。（见图 2-214）

2. 现代艺术图像

随着社会环境和文化的不断变化，现代艺术中的帝尧图像也经历了较大的变革发展。最显著的特点是帝尧人物图像具有了相对独立的空间，它不再只是美善教化的工具，而是在自由与开放的文化语境下，呈现出多层次、多元化地发展态势。

帝尧现代图像将艺术性与世俗社会性融合，体现出通俗性与审美性兼备的特点。一方面，传承和创新传统绘画内容和技法，如现代绘画、壁画、雕塑中，将帝尧神话要素与地方社会生活有效地联系起来，呈现出具有地域特色和时代精神的帝尧形象；另一方面，在现代技术和传媒作用下，产生了新的图像形式，如舞台剧形象、影视剧形象，借助这些极具美感的帝尧形象，可以深入社会各层面，快速地传播帝尧创世神话及其蕴含的神话文化精神。

现代帝尧人物绘画在现代帝尧图像谱系中居于要位，它是其他现代艺术形式的基础，很大程度上影响着雕塑、壁画中的帝尧图像。当代的一些画家，如卢延光、杨苇、高国宪、谷中良、赵国宏、张登云、刘然，他们以高超的艺术才能绘制帝尧人物图像，或线描、或水墨国画、或连环画、或漫画，表现出画家的识见、追求与诚挚情怀，也为我们展示了帝尧人物的独特精神和帝尧神话的当代魅力（分析详见第三章）。

帝尧人物的现代壁画、雕塑作品不胜枚举，后文有相关讨论。此外，舞台剧中也呈现了帝尧的光彩形象，如山西临汾市音乐舞蹈史剧《尧颂》、山西襄汾县音乐歌舞剧《帝尧》、江苏金湖县尧想国文化旅游区情景剧《少年尧帝》。（见图 2-215—图 2-217）

由以上的图像分析还可以看出，现代艺术中的帝尧图像体现出一种复古化、常民化倾向，此时的帝尧身着朴素衣服，行为举止更近常人。如山西襄汾县丁陶文化公园内的帝尧石柱浮雕像，全然是一个手执农业生产工具，并带头参加劳作

图 2-215 临汾市舞蹈剧《尧颂》中的帝尧造型

图 2-216 襄汾县歌舞剧《帝尧》中的帝尧造型

的耕者形象。(见图 2-218)

(二)帝尧治政图像

帝尧治政图像以表现帝尧治国理政的故事为主,包括朝堂议政、建立事功、访贤与禅让图像等。

1. 朝堂议政图像

此类图像表现的是帝尧临朝听政,与诸侯大臣商议国事。这在古代绘画及现

图 2-217　金湖县情景剧《少年尧帝》中的少年帝尧造型（夏晓凡提供）

图 2-218　襄汾县丁陶文化公园石柱浮雕帝尧像

代景观图像中皆可看到。古代绘画中的帝尧议政图像，属于历史故事图像中的基本主题，在明代《列国前编十二朝》、清代《钦定书经图说》诸书中多有表现，这是帝尧作为五帝之一的政治身份决定的。相关图像的展示和分析详见下章。

现代景观中也常见此类图像。如山西尧都区尧庙广运殿内的治政泥塑、尧帝

古居大殿的"协和万邦"壁画、绛县尧都村文化广场"开国定都"壁画等。（见图 2-219—图 2-221）

2. 建立事功图像

如前章帝尧神话语言文本叙事所述，帝尧事功主要是治历、治水、除害，以此为内容，生成不同形式的帝尧事功神话图像。

（1）帝尧命羿除害图像

帝尧命羿除害图像依据《淮南子·本经训》等文献的记载，讲述帝尧时期十日并出、六害为虐，旱灾与兽害严重危害百姓生活，帝尧派出后羿射日、除杀六害的故事。

明清小说艺文中多以此类图像为插图。明清时期，出现了敷演历史事实的说唱本、历史小说传奇，书中经常会刊刻故事人物的图绘之像，称为"绣像"。这些精描细绘的绣像插图，能较好地表现故事情节，增加读者阅读之兴味。如

图 2-219 尧都区尧庙广运殿内帝尧治政泥塑（张海杰提供）

图 2-220　尧都区
尧帝古居大殿协和
万邦壁画

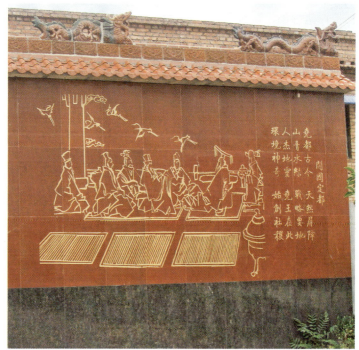

图 2-221　绛县尧都
村文化广场开国
定都壁画

《列国前编十二朝》（明余象斗）、《开辟衍绎通俗志传》（明周游），这两部书文字大同小异，其中有一书是底本。两书中历史故事均起自盘古天地开辟，终至商代末年纣王历史，涵盖了不少帝尧神话故事，所绘刻的图像中均有数幅表现帝尧命羿除害的故事，详见相关部分。

（2）治历与治水图像

帝尧治历与治水，是帝尧神话语言叙事着力描写的两大功绩。治历是讲帝尧命羲和二氏观测天象，制定历法。治水则由鲧、禹实施，洪水最终得到控制。图像可见于明《列国前编十二朝》、清《钦定书经图说》中，前书有"尧帝观历法大喜""尧帝宣崇伯侯至殿"，后书有"命官授时图""试鲧治水图"等。（图文分析详见第三章）

同时，在现代壁画、雕塑景观中，展现帝尧治历和治水功绩的图像也较为常见，如山西尧都区尧帝古居大殿的羲和治历壁画。（见图2-222）

3. 访贤与禅让图像

访贤是帝尧在将帝位禅让给舜之前，前往各地巡访贤德之人，谋求治国良才与良策，以利国家的长效发展。这类图像属于帝尧治政图像的重要内容，既保存在古代绘画中，也见于现代的景观图像中。

（1）访贤图像

古代绘画中的帝尧访贤图像，多是与许由、巢父、舜等贤人相关。如"尧

图2-222　尧都区尧帝古居大殿羲和治历壁画

帝命使往召许由"小说插图，讲述帝尧遣使去请许由入朝的故事。"尧帝访贤让天下"插图，讲述尧帝亲访巢父的故事，其时巢父以树为家，正居于树上，听闻帝尧要将天下让其管理，巢父果断拒绝后牵牛离去。（见图 2-223，图 2-224）另外，还有拜访壤父的图像。不同的是，击壤图虽与帝尧外出访贤有关，但主要突出的是在帝尧治世下，以壤父为代表的民众安乐生活的情景。此种图像意蕴独特，构思巧妙，下章将专门讨论。

与壤父有关的现代景观也出现在山西地方社会中。如尧都区尧庙广运殿内的泥塑，讲述了帝尧外出访贤途中遇见壤父的故事。（见图 2-225）有时壤父具体到某一地域中，如前文所说，称为席老师，而且这位席老师还化身为帝王之师了。山西襄汾县席村流传着尧王拜席老师的故事，在村文化广场的围墙上，绘制了"尧王拜师"大幅壁画。此图像讲述帝尧巡访遇到一席姓击壤老人，名叫席公。席公谈论国事世事皆在理，尧王遂拱手揖礼，拜其为师。（见图 2-226）此外，在晋南帝尧文化空间内，也出现帝尧拜访或拜师蒲伊子的现代图像。

（2）禅让图像

禅让帝位的图像内容明确，表现的是帝尧传位于舜的故事，画面多定格于朝堂之上。如"尧舜揖让"插图、"尧舜受禅"插图。（见图 2-227，图 2-228）

值得注意的是明代《大魁书经集注》中的一幅禅让图。此图是全幅大图，上方题曰"尧禅舜位"，描述的是舜"受终于文祖"（《尚书·舜典》）的禅位情景。画面中的舜跪拜于香案前，衣冠皆是平民打扮，帝尧手执玉圭站在一侧，案旁另立三位官员，不远处可见庙宇屋顶，如此人物、环境、场景，无疑构成一次神圣严肃的祭祀活动。对于祭拜与禅让的关系，有学者解释此为尧禅让前的必要仪式，舜即位前必须得到尧之祖先的肯定，[1] 此种解说可谓睿智而人性化，但忽略了太庙祭祀的根本目的。笔者认为，此版画是以庙祭的方式展示尧传位于舜的神圣，揭示出禅让过程追求的礼制与礼法规范，使帝位与宗法、天地神灵之间建立联系，从而保持所受让帝位的正统、合法。（见图 2-229）

---

① 田兆元、唐睿、毕旭玲：《中华创世神话人物图像谱系》，上海人民出版社 2020 年版，第 204 页。

图 2-223　明代"尧帝命使往召许由"插图 ①

图 2-224　明代"尧帝访贤
让天下"插图 ②

图 2-225　尧庙广运殿内帝尧拜访壤父泥塑（张海杰提供）

---

① （明）余象斗编：《列国前编十二朝》，上海古籍出版社 1994 年版，第 343 页。

② （明）周游：《开辟衍绎通俗志传》，上海古籍出版社 1994 年版，图像部分第 32 页。

图 2-226　山西襄汾县席村尧王拜师壁画

图 2-227　清代"尧舜揖让"插图①

图 2-228　清代"尧舜受禅"插图（唐睿提供）②

① （清）吕抚辑：《廿一史通俗衍义》上册，上海古籍出版社 1991 年版，图像部分第 8 页。

② （清）吕抚辑：《廿四史通俗衍义》上册，浙江人民出版社 1985 年版，图像部分第 4 页。

图 2-229 明代"尧禅舜位"版画 ①

（三）帝尧信仰图像

此类图像基于帝尧圣王崇拜而产生，经常与地方的祭祀活动联系起来。可分为信仰圣物图像、庙会仪式图像、天官神灵图像三类。

1. 信仰圣物图像

历史上，帝尧被看作圣王、祖先、神灵，人们以各种方式纪念祭祀，由此形成一个个信仰空间。能够表明这些空间神圣性的要素，可以是庙宇楼台、陵丘墓冢、塑像雕像、文字器物、图形符号、珍异祥瑞、自然风物、乃至风俗礼仪等。

---

① （明）《大魁书经集注》，载周芜、周路、周亮编：《建安古版画》，福建美术出版社 1999 年版，第449 页。

这些要素存在的直接或间接物化形式，构成帝尧信仰的圣物图像。

具体来说，庙宇楼台、陵丘墓冢是表达帝尧信仰、祭拜帝尧的重要空间。各种帝尧塑像、雕像在信仰空间中占据主导，反映着该空间的主要信仰对象。文字器物以陶寺考古文物、汉画像石为代表。图形符号有绘画及表明帝尧时代的图腾物等。珍异祥瑞是一些象征帝尧治世的瑞应物。自然风物种类较多，有山川、土丘、石树、泉井等。风俗礼仪有婚丧习俗、年节礼俗、饮食风俗等。这些图像散见于多个章节，此不赘言。

2. 庙会仪式图像

庙会仪式图像是以祭祀帝尧为中心，以相关仪式行为和庙会活动为主要内容的信仰图像。帝尧庙会活动在很多地方是世代相沿、官民共举的历史传统，影响较大的庙会有山西临汾尧都区尧庙四月二十八庙会，尧都区尧陵清明节祭尧庙会、临汾仙洞沟三月十五祭尧庙会、临汾尧帝古居四月二十八祭尧庙会、运城绛县尧寓村尧王庙三月三祭尧庙会、长治长子县尧庙山四月二十八祭尧庙会、太原清徐县尧城村四月初八祭尧庙会，河北保定望都县尧母陵庙三月三祭尧母庙会，山东菏泽牡丹区尧王寺三月十一祭尧庙会、菏泽鄄城县谷林四月初八祭尧庙会，河南焦作沁阳县尧圣庙四月二十八祭尧庙会，陕西渭南蒲城县尧山清明节祭圣母庙会等。

以尧都区尧庙庙会为例。此庙会不知起于何时，但清代康熙年间已成规模。在康熙十二年（1673）《临汾县志・地理志・风俗》中，记载四月风俗中有："二十八日祀尧庙，远迩商贾交集。"说明尧庙庙会的传统及其社会功能。到清末民初时，此庙会已发展成为名闻华北的骡马、农副产品等物资交流集散地。如果从图像角度看，便能直观获知尧庙庙会的规模、风俗、作用及价值。相关的历史图像有三类，一是尧庙庙会的工笔画，二是庙会实物图像，三是庙会老照片。

第一类工笔画。这幅反映尧庙庙会的工笔画，绘制于清康熙时期。此画构思精巧，线条细密，展示的内容非常丰富，涉及庙宇建筑、商贸、曲艺、民俗等方面，是非常珍贵的艺术图像。有幸的是，本书得以首次公开援引此画，并将其应用于帝尧神话信仰图像研究中。此图像分析将在第三章古代绘画图像部分单独论述。

第二类实物图像。庙会的实物图像主要指向一张尧庙会执照。近两年，临汾

图 2-230　清末临汾"尧庙会执照"
（段延峰收藏）

收藏爱好者寻获一张尧庙会执照，是清末庙会上交易骡马的凭证，着实不易。①这对尧庙庙会的历史文化研究有重要的意义。执照长 21 厘米，宽 10.5 厘米，麻纸，内容在表格上分栏呈现，书写的是买方所购口骡的相关信息，落款时间是清光绪十二年（1886）。执照由"临汾县正堂"发放，边缘处还留有官方印章，由此证明了清代尧庙庙会的官办性质，以及庙会在地方社会中的贸易功能。（见图 2-230）

第三类老照片。庙会老照片指的是一些反映特殊时期尧庙庙会的照片。民国时期，尧庙庙会因一场大风一度中断。抗日战争期间，尧庙庙会在特殊的条件下举办，其间有祭尧及骡马交易等活动。（见图 2-231，图 2-232）

随着国家非遗和地方旅游的推动，祭尧仪式和庙会活动在多地得到恢复或重建。比如临汾尧帝古居的庙会，至 2021 年已经是第九届。在每年四月二十八帝尧传统诞辰日，当地都会举办隆重的庙会活动，以祭拜和纪念自己的先祖帝尧。（见图 2-233—图 2-235）

3. 天官神灵图像

帝尧列入神仙系统，可追溯到南朝陶弘景《真灵位业图》。陶弘景在整理道教神仙谱系的过程中，采撷前代道经，搜罗各阶层人物，最终推举出 700 位神仙。帝尧等帝王贤士位列仙班，成为道教最高神元始天尊的臣属。唐末五代时，

---

① 张春茂：《"尧庙会执照"现身临汾》，临汾新闻网，http://www.lfxww.com/linfen/fzsh/2610271.html，2019-06-04。

图 2-231 尧庙
20 世纪 30 年代庙会
舞龙高跷表演照片
（尧都区文旅局
提供）

图 2-232 尧庙 20
世纪 30 年代庙会骡
马交易照片（尧都
区文旅局提供）

图 2-233　临汾尧帝古居庙会敬献祭品

图 2-234　临汾尧帝古居庙会民众表演

图 2-235　临汾尧帝古居庙会蒲剧表演

图 2-236　河南登封市唐庄三官庙尧舜禹塑像（程鹏提供）

图 2-237　平遥帝尧庙广运殿中的天官壁画

帝尧仍被视为神仙圣人，地位仅次于太上老君和诸天大圣。明清时期，经过《历代神仙通鉴》这部神道小说的宣扬，帝尧进入著名的三官神系列，成为三官之一的天官。

帝尧天官神像出现在地方民间祭祀中。如山西黎城县西关的三官庙，主神从道教的三官变为尧舜禹三位帝王，帝尧即为天官。河南登封市唐庄三官庙，所塑也是尧舜禹三位帝王像。（见图 2-236）

以绘画而言，明清时期出现天官赐福的风俗年画，就属于帝尧神灵图像。即使在当代，帝尧天官画也不少见，如山西平遥帝尧庙广运殿中的壁画，表现的是帝尧作为天界神灵，接受世间众生膜拜的场面。（见图 2-237）又如晋南民间祭祀所拜帝尧神像，也是典型的天官画像。帝尧天官可归入道家神系，画中帝尧端坐于宝椅之上，下有两真人身披长袍，手捧朝天笏板分立左右。此像为临汾的一个民间祭祖团体所使用，他们每月前往尧都区尧庙，托举此像开展相应的祭拜活动。（见图 2-238—图 2-240）

此外，还出现帝尧天官的当代艺术画。如著名画家卢延光曾绘《三官神》，图中有天官、地官、水官三位神仙，帝尧是其中的天官。此画右上的题记交待了他的创作缘起，即因邻近三元古宫祭祀香火之鼎盛有感而作，这从侧面反映出当代帝尧天官信仰的盛行。（见图 2-241）

（四）帝尧根祖与家事图像

此类图像围绕帝尧的祖先身份或家庭生活而讲述，主要包括根祖图像和家事图像两类。

1. 帝尧根祖图像

帝尧根祖图像是为突出帝尧祖先地位而形成的，内容多依凭姓氏文化，以今日的姓氏来追寻古人，进而得出帝尧作为祖先的崇高地位。

如第一章所述，以帝尧为祖进行祭祀，是自汉代以来历代国家的政治传统。甚至明清时期，皇家还专门在京城建立历代帝王庙，以祭祀三皇五帝先祖。这些先祖均无塑像，只是供奉着各自的牌位，所祀帝尧也是其中的一位重要祖先。如今，历代帝王庙里专设了"三皇五帝与百家姓"专题展览，将八位古帝衍生的姓氏梳理出来，引导人们按姓氏的源流播迁去寻根问祖，追溯自己的祖先，并以后

图 2-239　临汾民间祭尧群体

-238　临汾民间祭祖中的帝尧天官像

图 2-240　临汾民间祭尧活动

图 2-241　三官神图 ①

人身份去祭拜古帝先贤，缅怀他们创造的华夏灿烂文明。此时，帝尧被看作远古始祖，帝尧文化也随之称为华夏根祖文化。

在地方社会，帝尧的根祖图像表现更为直接。如临汾政府为强化帝尧祖先地位，生产了不少帝尧根祖图像，除了在尧庙内悬挂寻根楹联、设置供奉姓氏牌位的祭祖堂，还在尧都广场建造了千家姓纪念壁。纪念壁长达百米，长城造型，花岗岩材质，上面刻着 1500 多个姓氏及"华夏子孙、同根共祖"八个大字。纪念壁前建造了古朴庄严的落叶归根铜雕，苍劲粗壮的树根象征中华民族博大根深，落叶归根的树叶寓意华夏子孙血脉相承。（见图 2-242—图 2-244）

---

① 卢禺光（延光）绘画、吴绿星编文：《中国一百神仙图》，新世纪出版社 1990 年版，第 19 页。

图 2-242　临汾尧庙内的根祖楹联

图 2-243　临汾尧庙祭祖堂

图 2-244　临汾千家姓纪念壁前落叶归根铜雕（张海杰提供）

2. 帝尧家事图像

这类图像关乎帝尧出生、婚恋及与子女相处的诸种事迹，为我们呈现了更具生活化和人性化的帝尧形象。

关于帝尧出生，文献记载的是母亲庆都感赤龙受孕，历经十四个月而诞下帝尧。据此生成的图像中，常会出现龙的形象，或直接以龙暗指帝尧孕生。（见图 2-245）

帝尧婚恋图像因不同的妻子而分两种，第一种讲述的是帝尧与散宜氏女皇的故事，以《大戴礼记》《帝王世纪》诸书记载为基础。图像主要见于古代历史小说中，如"后奏尧帝说庭前有青草""尧帝同皇后庭前观蕢莱"。（见图 2-246，图 2-247）第二种是与山西地域神话中的鹿仙女相关。此种图像除见之于前文帝尧神族谱系论述外，在现代社会中也常有展示，可见于山西临汾九州广场浮雕柱、尧都区尧庙广运殿内、临汾市舞蹈剧《尧颂》中。（见图 2-248—图 2-250）

帝尧与儿子丹朱的图像多以教育为中心来讲述。如上节提到，丹朱因顽劣无德，不能胜任管理国家的重任，没能继承帝位。对于儿子的劣行，帝尧必定少

图 2-245　尧都区尧陵赤龙壁

图 2-246　明代"后奏尧帝说庭前有青草"插图 [1]

图 2-247　明代"尧帝同皇后庭前观蓂荚"插图 [2]

①　（明）余象斗编：《列国前编十二朝》，上海古籍出版社 1994 年版，第 298 页。

②　同上书，第 299 页。

图 2-249　尧都区尧庙广运殿内帝尧与鹿仙
　　　　　女泥塑（张海杰提供）

图 2-248　山西临汾九州广场浮雕柱上的
　　　　　帝尧与鹿仙女像

图 2-250　临汾市舞蹈剧《尧
　　　　　颂》中的帝尧与鹿仙女造型

图 2-251 尧都区尧庙广运
殿内帝尧围棋教子泥塑
（张海杰提供）

图 2-252 河北顺平县伊祁
山帝尧围棋教子雕塑

不得管教。在帝尧教子的故事中，最出名的莫过于发明围棋教育丹朱了，这既表明帝尧创造此物之功，又表现出帝尧对丹朱施行家庭教育的事迹。因而现代许多帝尧神话景观，常绘制围棋盘，或制作帝尧围棋教子的雕塑，如山西尧都区尧庙内、河北顺平县伊祁山上。（见图 2-251，图 2-252）

　　帝尧嫁二女是帝尧神话中的一个经典叙事，取自"尧乃以二女妻舜以观其内"（《史记·五帝本纪》）。娥皇、女英作为帝尧之女，担负着考察舜帝位接替者的重要职责，她们的事迹主要发生在与舜结婚之后，所以帝尧与二女的家事

图 2-253　明代"尧帝以
二女妻舜帝"插图①

图 2-254　明代"帝尧以二女妻大舜"插图②

神话多是与帝舜联系的。如明代的两幅历史小说插图"尧帝以二女妻舜帝""帝尧以二女妻大舜",图中皆是处在宫廷中的三位人物,描述的是二女出嫁之前,帝尧对两个女儿教导、叮嘱的情景。(见图 2-253,图 2-254)现代帝尧神话景观中也不乏此类图像,如尧都区尧帝古居大殿里的尧以二女妻舜故事壁画,山西临汾舞蹈剧《尧颂》中的帝尧与二女访舜故事。(见图 2-255,图 2-256)

---

① (明)余象斗编:《列国前编十二朝》,上海古籍出版社 1994 年版,第 351 页。

② (明)钟惺辑:《盘古至唐虞传》下卷,金陵书林余季岳刊本,日本内阁文库藏,第 37 页右图。

图 2-255 尧都区尧帝古居
大殿尧以二女妻舜壁画

图 2-256 临汾市舞蹈剧《尧颂》
中的帝尧与二女访舜造型

第三章 帝尧神话经典图像

前章以四大图像叙事谱系为纲,综合分析帝尧神话图像蕴含的思想、内涵及其艺术特征,全面考察了帝尧神话图像叙事。在此基础上,本章选取其中的经典图像予以重点解读,以使我们进一步感知帝尧神话图像蕴含的中华文化精髓,体会这些图像隐喻的深沉民族情感和真挚的地域情怀。

这些经典图像按照考古文物图像、古代绘画图像、庙宇景观图像、现代创作图像四个类别逐一展开。

一、考古文物图像

帝尧神话的考古文物图像是以考古文物为载体,以实物的形式还原帝尧的上古文化,讲述帝尧神话故事,展示纪念性的帝尧陵庙形态等。尽管所存数量不多,但对于理解帝尧神话的发生演变、内涵特征、社会价值都是非常重要的。这方面的图像以陶寺史前器物、汉代石刻与铜镜、元明碑刻中的陵庙图像为代表。

(一)陶寺遗址文物图像

陶寺是山西临汾市襄汾县东北的一个村庄。在这片土地之下,掩埋着一座规模空前的史前城址,随着考古发掘和研究工作的推进,这座陶寺城址的独特性和重要性日益凸显。从历史分期来看,陶寺古城遗址属于龙山文化的纪年范围,代表着一种发达的史前文明。从文化的独立性来看,陶寺城址不再适用原来的龙山文化陶寺类型,而是重新命名为陶寺文化。更多研究表明,陶寺文化中的王墓、宫殿、祭祀区、仓储区以及古观象台等，正在形成一系列考古证据链，指向文献记载中的帝尧都城，帝尧文明逐渐走向丰富和真实。

帝尧神话的考古文化主要对应陶寺遗址，陶寺的考古文物可以作为帝尧文物图像加以研究。迄今为止，陶寺遗址出土了许多珍贵文物，包括陶器、石器、礼乐器、装饰品等，具体有彩绘龙盘、古观象台、朱书扁壶、土鼓、石磬等。

1. 彩绘龙盘图像

陶寺彩绘龙盘发现于陶寺文化的早期大墓中。龙盘是用泥质陶土烧制而成，盘壁斜收成平底，外壁饰隐浅绳纹，内壁磨光，用红彩绘出一条蜷曲环绕的蟠龙图案。龙尾居盘中央，龙头近盘口边缘，蛇躯鳞身，方头豆目，巨口中衔着一根嘉禾。（见图 3-1）此蟠龙图案是学界公认的中原地区最早的龙形象。在陶寺出土的几件龙盘中，最大的一件龙盘口径 40.9 厘米，底径 12.6 厘米，腹深 10 厘米，高 11.6 厘米，现藏于临汾市博物馆。山西省博物院亦有此藏品。（见图 3-2，图 3-3）

彩绘龙盘是陶寺遗址的标志性文物，也是体现帝尧神话龙文化内涵的代表器物。龙体现着古代帝王身份地位，也成为中国文化和民族的象征。龙盘作为王者的礼器，显然是当时华夏农耕文明区域的文化标志，也是帝尧部族以龙为图腾的

图 3-1　山西襄汾县帝尧文化旅游节中的陶寺彩绘龙盘（复制品）

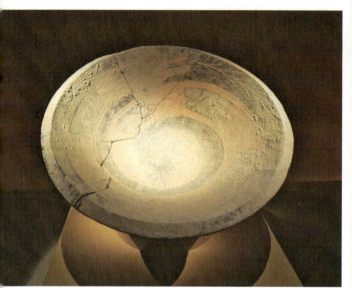

图 3-2　临汾市博物馆藏陶寺彩绘龙盘 　　　图 3-3　山西省博物院藏陶寺彩绘龙

重要依据。帝尧创世神话中，也多有与龙相关的讲述。如庆都感赤龙孕而诞下帝尧，汉代纬书描述"龙颜日角"的帝尧形象等。

　　陶寺彩绘龙盘自公布后，成为表明帝尧时代的一个重要标志物，因而常被复制应用于帝尧神话的诸多现代图像中。如襄汾县丁陶文化公园的巨型龙盘雕塑，此雕塑南北朝向，2006 年建成，即根据陶寺出土的彩绘龙盘制作。（见图 3-4）

　　2. 古观象台图像

　　古观象台是陶寺文化中期的一处天文观测点，已被学界公认为是世界上最早的天文观象台。①2003 年陶寺考古工作者发现一个大型半圆形夯土，经过研究和

---

　　①　李勇：《世界最早的天文观象台——陶寺观象台及其可能的观测年代》，《自然科学史研究》2010 年第 3 期。

图 3-4 襄汾县丁陶文化公园龙盘雕塑

实地观测，被确定为古观象台。陶寺的观象系统由观测点、观测缝、崇山山包与日出相切点构成。观测点为圆形，东侧观测缝共 12 条。当陶寺先民直立于观测点上，透过石柱间缝，就可以观测到崇山（俗称塔儿山）上太阳的位置变化，从而确定从冬至到夏至再到冬至一个回归年的 20 个时节。

陶寺观象台承担着观象、授时、祭祀的功能。它依据太阳位置制定的地平历节气，虽然不同于秦汉以后包含二十四节气的阴阳合历，但这一上古天文历法成就，是与《尧典》所记载的观测天象、制定历法的事迹相符。[1]换言之，陶寺观

———————

[1] 武家璧：《陶寺观象台与考古天文学》，《科学技术与辩证法》2008 年第 5 期。

象台的存在，证明《尧典》叙述事件的真实有效，也为帝尧历象日月星辰、敬授民时的创世神话找到实物载体。目前，在陶寺遗址观象祭祀区已复原古观象台，复原的方法是在缝隙的地基部分垂直向上，竖起 13 根柱子，从南边开始依次形成 12 道缝，标注序号，如 7 号缝居中，由此缝望日出位置可观测春分和秋分，2 号缝为冬至观测缝，12 号缝为夏至观测缝。（见图 3-5，图 3-6）

值得肯定的是，以陶寺考古中发现中帝尧古观象台为基础，地方社会以各种方式展示先民观天测象的实况，从而生成了相关的景观图像。如临汾市博物馆采用 3D 裸眼平台设计陶寺观象台，并绘制了观象台观测地平历的示意图。（见图 3-7，图 3-8）

3. 朱书扁壶图像

在陶土晚期的灰坑里，出土了一个残破的扁形陶壶。扁壶为泥质陶，敞口斜颈，是上古时期人们的汲水用具。这个扁壶有两个特别之处，一是残片断茬周围涂有红色，二是在扁壶的鼓腹部上，用朱砂书写着两个文字符号。（见图 3-9—图 3-11）

从图片上看，这两个红色字符分置扁壶的两侧，一是"文"字，学界基本没有疑义，而另一个字符比较特殊，学界主要有两种释读，其一认为是"易"[1]，另一种则认作"尧"[2]，两说的立论方法不同，致使字符的表达意义不能统一。朱书扁壶的存在，显示着多彩的陶寺文化，代表着帝尧时代的文明和认知，也为帝尧神话叙事提供了考古学图像证据。

4. 土鼓与石磬图像

土鼓和石磬作为乐器，出土于陶寺早期的贵族墓葬中，是迄今可确认的同类乐器中年代最早的。[3] 陶寺考古发现的这两个器物，在先秦两汉文献中有相关记载。《吕氏春秋·古乐》中说："帝尧立，乃命质为乐。……置缶而鼓之，乃拊石击石，以象上帝玉磬之音，以致舞百兽。"[4] 显然，这是一幅帝尧时期乐舞生

---

[1] 罗琨：《陶寺陶文考释》，《中国社会科学院古代文明研究中心通讯》2001 年第 2 期。

[2] 何驽：《陶寺遗址扁壶朱书"文字"新探》，《中国文物报》2003 年 11 月 28 日；葛英会：《破译帝尧名号，推进文明探源》，载北京大学震旦古代文明研究中心编：《古代文明研究通讯》2007 年 3 月，总第 32 期。

[3] 《襄汾陶寺：1978—1985 年考古发掘报告》，文物出版社 2015 年版，第 1328 页。

[4] 陈奇猷：《吕氏春秋新校释》，上海古籍出版社 2002 年版，第 289 页。

图 3-5　襄汾县陶寺观象台复原正面

图 3-6　襄汾县陶寺观象台复原侧面

图 3-7 临汾市博物馆
3D 技术观象台

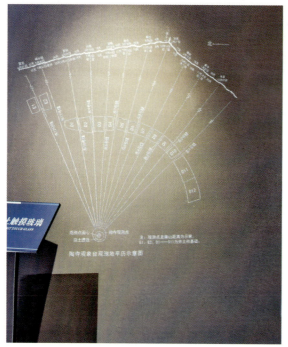

图 3-8 观象台观测
地平历示意图

图 3-9　临汾市博物馆藏朱书扁壶
（复制品）上的"文"字符

图 3-10　山西省博物院藏朱书扁壶
（复制品）上的特殊字符

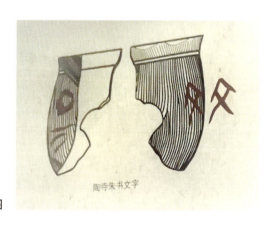

图 3-11　朱书扁壶示意图

活的场景，所击打的乐器正是以皮革蒙覆在缶上的土鼓和石磬，二者相伴出现于礼仪活动中，体现出帝尧时代较为发达的礼乐文化。陶寺考古中土鼓和石磬图像，是帝尧神话叙事的重要载体，对于我们探索礼乐制度的起源与形成是弥足珍贵的。

土鼓即筑土为鼓，也叫陶鼓，是用泥质陶土烧制而成的打击乐器。形状特

图 3-12　山西省
博物院藏土鼓

图 3-13　临汾市
博物馆藏石磬

异，分为鼓腹和管筒两部分，腹部近似圆球形或近卵形，腹底中央有凸出的镂孔，周围又环列三个小孔；腹部以上为管筒部分，管口外周有一两圈圆钮。此器的上下口相通，将顶部和底部都蒙上皮革，即可发出声音。《礼记·明堂位》记

载:"土鼓、蒉桴、苇籥,伊耆氏之乐也。"[1]说明此为帝尧时代的击打乐器。(见图3-12)

石磬形似一块不规则的石块,正反两面凹凸不平,中间有穿孔,便于悬挂击打。清代茆泮林所辑《世本·作篇》载:"无句作磬",汉宋衷注云:"无句,尧臣也。"[2]即指造磬人是尧的臣子无句。可知,磬的起源亦与帝尧有关。(见图3-13)

(二)汉代画像石图像

汉代画像石中的帝尧图像有两种形式,一种是单体帝尧像,即图像中的帝尧独立存在,不与他人他事发生直接联系,前章所论山东武梁祠中的帝尧像即是如此。(见图3-14)第二种是与舜同框的帝尧像,即舜参与了帝尧神话

**图3-14　汉武梁祠帝尧画像石
（唐睿提供）**

的讲述。这种图像可见的至少有三块,分别藏于山东莒县博物馆、山东博兴县博物馆、江苏徐州汉画像石艺术馆。

1. 山东莒县画像石图像

山东莒县的一块墓石阙上雕刻有帝尧神话图像。此石阙1993年出土于莒县东莞镇东莞村,石上题记为东汉光和元年(178)刻画。在石阙正面第四层的画像石上,有四个人物,从左到右榜题为尧、舜、侍郎、大夫。图像最左侧有一棵大树,长长的枝干伸向尧的身旁。尧束发戴冠,面向三人席地而坐,双手前伸。舜亦戴冠,手中执一物,直面尧而行跪拜礼。尧和舜面前有一长片状物和一方盒状物,二物相交置于地上。舜后面站着侍郎、大夫,二人手中亦握物,毕恭毕敬作拜谒状。从人物的情状看,这幅画可能表现的是舜在郊外谒见尧,并敬献宝物的场景。(见图3-15)

---

[1] （元）陈澔:《礼记集说》,上海古籍出版社1987年版,第179页。

[2] （清）秦嘉谟等辑:《世本八种》,中华书局2008年版,第116页。

图 3-15　山东莒县博物馆藏尧舜会面汉画像石

此图像的人物造型生动，线条流畅，但过于简洁的背景和人物，使画面主题和物件的具体信息不甚明确。现结合汉代的社会文化，参考同时期的画像，试作进一步探讨。画面上的场景应发生在帝尧年老退位，令舜摄政之后。此时舜身着帝王冠冕，摄行天子之政，但在尧面前，依然需行臣子的跪拜礼仪。他带领侍郎、大夫前往拜谒尧，每人手中均捧一物，呈鸟状，或为当时士大夫拜谒时馈赠的大雁，尧伸出手表示接受敬献之物。同时尧端坐之处，似铺陈着宽大的筵席，而尧舜之间的物件，应为舜拜谒所用的蒲席之类。由此可推知，整个画面是以尧接受舜的敬献为中心，宣扬了君臣伦理纲常与上层社会的礼仪规范。

2. 山东博兴县画像石图像

博兴县画像石出土于博兴县湖滨镇相公村。画中共五个人物，尧像居中间，旁边榜题"帝尧"二字。尧左边两个人物的榜题是"尧二女"，右边榜题为"尧舜""舜后弟"，指的是舜与其异母弟。尧的图像已残损，看不清面容和衣饰。尧二女戴冠帽，身着朝服，仿佛两位朝臣，屈肘拱手恭立一侧。二女朝臣形象的塑造和再现，对于表现帝尧政治生活非常重要，符合帝尧神话中二女所承担的政治角色。另一侧的舜头戴进贤冠，面向帝尧施礼，胸前怀抱某种物件，似乎正在朝堂上接受考察。显而易见，这幅图像与《史记》记载的"尧妻之二女"以试舜有关。（见图 3-16）

3. 江苏徐州画像石图像

此画像石是在徐州地区征集而得。图像中的帝尧也是与舜组合在一起的。此画像石没有榜题文字，画中的十个人物排列出现，从左到右包括尧、舜、大禹、

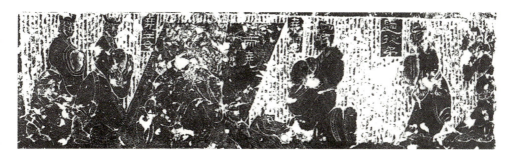

图 3-16 山东博兴县博物馆藏尧二女妻舜汉画像石

禹妻、禹的孩子等，从人物设置和造型看，图像构成大禹治水故事的全过程，其中尧和舜居于治水缘起的重要地位。画面最左侧的尧坐于树下，手伸向舜，舜则戴着礼帽，面尧而立，伸右手与尧相握，两手对接表明帝位的传递与君臣的和谐，也有认为是直接表现尧舜的禅让过程。整个画像拙朴凝重，虽面部神态刻画较少，但夸张精练的造型，紧密对称的构图，流畅的雕刻线条仍显示出此画像石高超的艺术造诣。（见图 3-17，图 3-18）

图 3-17 徐州汉画像石艺术馆南馆藏尧舜禹治水汉画像石

图 3-18 尧舜禹治水汉画像石拓本 ①

---

① 杨孝军:《徐州新发现一批汉代画像石考释》,《四川文物》2005 年第 6 期。

（三）汉代铜镜图像

在汉代铜镜中，有一种三段式画像铜镜，目前国内发现的不到三十枚。经过学者的研究，有的铜镜图像包含帝尧神话人物，体现出帝尧神话的影响。四川绵阳市何家山汉墓出土的画像铜镜颇具代表性。此铜镜背中间为半球形纽，重列三段浮雕人物图像。上段中央立有一华盖，华盖右侧坐着一形体较大之人，位置显要，其前后各立一侍者。华盖左侧有三人，一羽人面向华盖躬腰而立，其后两人或躬或坐。中段为西王母和东王公。下段中央立一神树，神树两侧分坐两个仙人。铜镜一周刻制铭文，铭文是隶篆书体，考释为："余造明镜，九子作容，翠羽秘盖，灵鹅台杞，调（雕）刻神圣，西母东王，尧帝赐舜二女，天下泰平，风雨时节，五谷孰（熟）成，其师命长。"①（见图3-19，图3-20）

关于此铜镜的图像，西王母和东王公这两个神话人物是确定的，而对上段右侧的显要人物，学术界存在较大的争议。②作为帝尧可备一说。下段中的人物，学者多认为是尧、舜与尧二女。③由于图像表征的多义性，对图像人物姑且不论。回到铜镜的铭文带上，确切的铭文表述足以说明：汉代画像铜镜的制造者受到帝尧圣贤思想的影响，将尧舜神话事迹与天下民生联系起来，以此来寄托祈福求吉的愿望。此时，帝尧作为明君圣贤，已不是凡人，多少带有神格的因素。

画像铜镜上带有"尧"字样的铭文并非孤例。如四川邛崃市文物管理所藏汉代铜镜，一周铭文为"余造明镜，九子作之，刻神圣西母东王，尧赐舜二女，天下泰平，禾谷孰成。"（见图3-21）又如湖北荆州博物馆藏汉代铜镜，其部分铭文为"黄盖作镜甚有晴，国寿无亟，下利二亲，尧赐女为帝君。"④（见图3-22，图3-23）这些内容显然与帝尧神话有关，真实反映了当时社会崇尚帝尧圣贤的观

---

① 苏奎：《"三段式神仙镜"的图像研究》，《四川文物》2008年第4期。

② 依据知网论文列出不同的学术观点，如汉墓发掘简报执笔人何志国认为是尧帝，霍巍认为是尧或舜，巫鸿认为是老子，日本林巳奈夫认为是天皇大帝，李凇认为是女神，苏奎认为是某位天帝或古代帝王的化身。

③ 霍巍：《四川何家山崖墓出土神兽镜及相关问题研究》，《考古》2000年第5期；李凇：《试论"三段式神像镜"的图像结构与主题》，《陕西师范大学学报》2011年第6期。

④ 转引自李凇：《试论"三段式神像镜"的图像结构与主题》，《陕西师范大学学报》2011年第6期。

图 3-19 四川何家山三段式铜镜

图 3-20 四川何家山三段式铜镜拓本

图 3-21　四川邛崃市三段式铜镜

图 3-22　湖北荆州博物馆藏三段式铜镜　　　　图 3-23　湖北荆州博物馆藏三段式铜镜局部

念，也表达出人们对现实美好愿望的追求。

（四）元明碑刻中的陵庙图像

元明时期的帝尧陵庙图，发现于山西临汾的碑刻文物中。目前可知的有两通石碑，一在临汾市尧都区的尧庙内，一在尧都区的尧陵内。

1. 元代山西临汾尧庙格局图

元世祖统治时期，曾大规模修建临汾尧庙，在元至正十七年（1357）刊刻的《圣旨田宅之记》碑石上，保存了当时的尧庙图。此碑是 1999 年重修尧庙广运殿时出土的，现存于尧庙祭祖堂内。碑正面内容分三栏，上栏是元世祖忽必烈于中统四年（1263）所降圣旨原文，圣旨是诏令地方拨地，以作为全真道士姜善信兴建尧庙之用，并对这些庙地予以保护。中栏是"光宅宫常住田宅记"，为至正年张昌撰文，说明尧庙田宅的重要性。下栏即绘刻了元代尧庙"光宅宫"全貌图。（见图 3-24，图 3-25）

图中可以看出当时尧庙的规模宏大，庙宇景观丰富细致。它包括东院、中院、西院三部分，中院大门曰"宾穆"，在中院的台前空地上有獬豸亭、壤歌亭、蕢荑蕈、遗风亭，院中间是六角尧王井，井东建醴泉亭，井西建朱草亭。西配殿供奉舜帝殿、汤王殿、文宣王殿，东配殿依次为禹王、周文王殿、武成王（姜尚）殿。中院的后院正中是尧王夫妇的寝宫，寝宫西朵殿供奉丹朱，东朵殿供奉娥皇女英。东院是道院，有老君殿、真武殿、武安王殿。明代以后，随着儒家文化的浸染，元代原有的尧庙格局随之改变。

2. 明代山西临汾尧陵全景图

在临汾尧都区尧陵内，现存明嘉靖十八年（1539）碑石，为时任临汾县令赵统所立。碑正面题《帝尧墓修祀典置守墓人户记》，叙述了重修尧陵经过。碑阴分三部分内容，上部为祭尧礼仪，详细列出当时的祭祀礼仪流程。下部是祭礼的解释文字，对相关事项择要说明。中部大块区域则刻画出尧陵全景，以图画的形式直观展现了明尧陵面貌，包括尧陵的地理空间、祠宇陵墓分布、主要建筑名称及形制等，为我们保留了非常珍贵的历史资料。（见图 3-26，图 3-27）

明嘉靖碑阴的尧陵全景图，为石上线刻，细观此图，各种景物依然可以辨认。然而，此碑历经四百多年风雨剥蚀，有些地方已斑驳模糊，加上所刻图像

图 3-24　元代尧庙圣旨碑阴线刻尧
庙全貌图（张海杰提供）

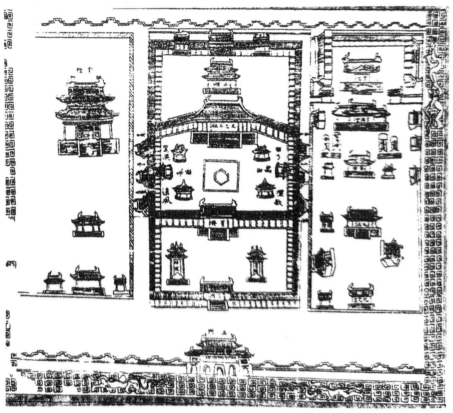

图 3-25　元代尧庙圣旨碑阴线刻尧庙全貌手绘图 ①

---

① 《临汾市志》，海潮出版社 2002 年版，第 1295 页。

图 3-26　明代尧陵碑阴线刻尧陵全景图局部　　图 3-27　明代尧陵碑阴线刻尧陵
全景图拓本 ①

线条浅细，拓印效果并不理想。所幸当地画家高国宪依据碑阴的祭仪文字和线刻图，精心绘制了尧陵全图，再次使明代尧陵之景清晰地呈现在我们面前。（见图 3-28）

　　借助此手绘图，可以看到位于涝河北岸的尧陵，依中轴线对称分布着形制不同的多种建筑，陵祠的格局非常完整。山门前有一长方形高台，是为戏台。陵园内左右为神库，神库外再有斋堂、省牲所等建筑。主体建筑是"钦文殿"，单檐歇山顶，面开五间，进深二间。大殿前建宽阔的月台，供祭祀之用。大殿后不远处即为高大的陵墓，陵墓背靠重重山峦，前立一牌坊，上书"陶唐氏墓"，墓旁

① 《三晋石刻大全·临汾市尧都区卷》，三晋出版社 2011 年版，第 95 页。

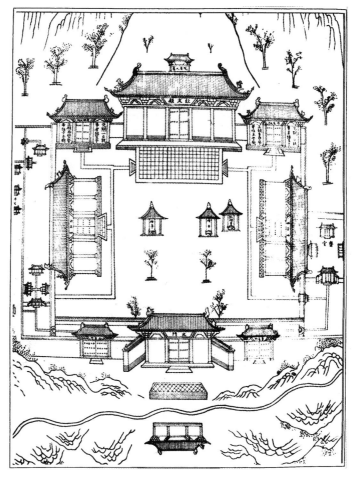

图 3-28　明代尧陵碑阴线刻尧陵全景手绘图（高树德提供）①

遍植松柏，显得幽静肃穆。

　　图中呈现的建筑群，是明代官方的祭尧场所，其形制精巧齐整，建筑规模宏大，足以证明当时崇祀帝尧的规格及帝尧在地方社会中的重要性。如果将此图结合碑文中的祭祀礼仪，亦可以看出尧陵祭仪的规范程度，并推知当时祭尧体系的严密性。

---

　　① 　临汾市尧都区三晋文化研究会编：《尧舜禹历史文化研究论文》，2005 年印，第 520 页。

二、古代绘画图像

绘画是我国传统帝尧神话图像的主要载体，历史上并不乏佳作。这些绘画作品从思想内容到艺术形式上，独树一帜，均反映了中华民族的精神理想和审美情趣，体现了先民对帝尧政治、思想、道德及相关风俗的认知，在帝尧神话图像谱系中占有相当重要的地位。

从目前的传世作品来看，宋、明、清三代的绘画成就最高，这些画作不仅造型多样，有卷轴画、版画、年画、碑刻画等不同门类；而且表现题材和应用范围有极大拓展，或作为小说插图，或图解经书，或演绎社会风俗，或保存建筑格局。现择其中的经典绘画图像予以论述。

（一）宋代马麟帝尧肖像画

南宋马麟出身于绘画艺术世家，他与父亲马远均供职于朝廷画院，都是当时有名的院体画家。马麟绘制的帝尧端立肖像，是将帝尧作为道统五祖之一来塑造的，他的创作突破了帝王肖像的程式化描绘，将人物的形体特征、气质状貌与帝尧功绩结合，体现了宋代写实技法的高超水平，具有极高的艺术价值。此画绢本设色，现藏于台北故宫博物院。（见图3-29）

画作中的帝尧头戴冠帽，眉目清秀，面颊圆润，神情庄重。身着袍制的朱色深衣，宽袖玄缘，腰带飘逸，足登赤舄。帝尧左手握腰带，右手两指捻须，举止文雅，通身透着一种高贵、亲和、典雅之气。图像上方的赞辞为："大哉帝尧，盛德巍巍。垂衣而治，光被华夷。圣神文武，四岳是咨。揖逊之典，万世仰之。"赞文取自《尧典》《论语》等经书，将帝尧治国和禅让事迹融合叙述，高度颂扬了尧功和尧德。此肖像画精工雅致，生动传神，从容貌神态到行为举止，都切合帝尧人物的身份和德行，对后世帝尧画像产生深刻影响，堪称帝尧肖像画的范本。

（二）明清帝尧政治事迹图

在古籍图像中，有不少反映帝尧圣贤政治事迹的画作，各具形态。有列入专

图 3-29　南宋马麟帝尧肖像画

绘帝王事迹图的，以《帝鉴图说》为代表；有见于古代小说插图，以《列国前编十二朝》为代表；有的属于书经所配图的一部分，以清代《钦定书经图说》为代表；还有专门创作的帝尧治世主题画，以击壤康衢图为代表。

1. 明代《帝鉴图说》图像

明代刊刻的《帝鉴图说》是选取不同帝王的事迹予以绘图，其中包括表现帝尧政治事迹的版画。此书是大学士张居正为规谏幼帝而作，分为《圣哲芳规》和《狂愚覆辙》两部。在《圣哲芳规》中，所收第一位古帝是唐尧帝，讲述的是"任贤图治"和"谏鼓谤木"两事。图像右上方竖刻事迹名称，所绘主要人物皆标注姓名，在每幅图后面还附了传记文本和解释。

"任贤图治"图讲的是帝尧命羲和两兄弟制定历法、敬授民时，同时通过咨询四岳，访得大舜，在众贤臣的帮助下，帝尧垂拱而天下治。此图之意，是在强调任用天下贤才，百官各举其职的重要性。"谏鼓谤木"图则突出帝尧为政所用的"谏鼓""谤木"，借两物来说明圣贤帝王应善于听取臣民的意见。这两幅图像基本能说明帝尧的核心事迹，传达出经传的主要思想，人物设置和场景安排得当，绘刻线条严谨工细，富有层次。（见图 3-30，图 3-31）

此后，《帝鉴图说》的清代刻本远播至海外，出现日本绘制的刻本和法国绘制的刻本。如法国刻本插图中的人物神态更生动，场景更丰富，线条更精细。（见图 3-32，图 3-33）

2. 明代《列国前编十二朝》图像

明代余象斗编的《列国前编十二朝》是一部按鉴演义的历史小说，共四卷五十四则。书中包含大量的图像，除每卷之前的若干整版式插图外，每页都是上图下文，给文字配绘了插图，如此，全书绘制的插图达五百多幅。此书讲述的是上自盘古天地开辟，历三皇五帝，下至商代末年纣王的故事。其中帝尧神话故事涉及四则，第二十八则"诸侯群会废挚立尧帝"讲述尧称帝前的经历；二十九则"尧帝陶唐氏即天子位"、三十则"羿缴大风杀猰貐断蛇"、三十一则"四岳保举崇伯治洪水"，主要表现帝尧即位后的治国功绩，兼及帝尧的生平故事。较为完整的帝尧故事，搭配着众多插图，尤其是每页一图的形式，使这部小说的故事表现力大为增强，阅读审美效果也得到提升。

根据帝尧神话的叙事内容，现选取八幅重要的故事情节图，以帝尧称帝为

图 3-30　任贤图治图

图 3-31　谏鼓谤木图

图 3-32　任贤图治彩绘图

图 3-33　谏鼓谤木彩绘图

图 3-34　明代"尧帝同八弟
府中议事"插图

图 3-35　明代"尧帝同诸弟
入后宫奏谏"插图

图 3-36　明代"挚帝捧印付
尧帝"插图

图 3-37　明代"众臣扶尧帝
登宝位"插图 [①]

---

① （明）余象斗编：《列国前编十二朝》，上海古籍出版社 1994 年版，第 257、259、271、272 页。

图 3-38　明代"尧帝观历法
　　　　大喜"插图

图 3-39　明代"尧帝命羿去
　　　　塞风路"插图

图 3-40　明代"尧帝宣崇伯
　　　　侯至殿"插图

图 3-41　明代"尧帝崩世群
　　　　臣吊丧"插图 ①

---

① （明）余象斗编：《列国前编十二朝》，上海古籍出版社 1994 年版，第 302、304、320、352 页。

界划分两组。一组为帝尧称帝前的四幅插图,题名依次为"尧帝同八弟府中议事""尧帝同诸弟入后宫奏谏""挚帝捧印付尧帝""众臣扶尧帝登宝位"。这些图文讲述帝尧同父异母兄长帝挚,在登帝位后,荒淫无政。尧与八位庶弟商议如何劝谏帝挚,众臣也希望尧能前往奏谏。当劝谏无用时,诸侯不得已兴兵,废帝挚,一致拥立尧代位为天子。(见图3-34—图3-37)

另一组是帝尧即位后的四幅事迹图,题名依次是"尧帝观历法大喜""尧帝命羿去塞风路""尧帝宣崇伯侯至殿""尧帝崩世群臣吊丧",表现了帝尧制定历法、命羿除害、治水等事。(见图3-38—图3-41)

通观这些图像,多是人物会见的场景,又以两人对话场面为主。虽然图与下方文字基本相合,表现了若干帝尧神话情节,但图中人物形象千篇一律,场景内容单一,如若没有画面两侧的题名,图像本身的表现意图就显得模糊不清。实际上,图像本身的这一缺点与刊印粗劣的缺点同在。

3. 清代《钦定书经图说》图像

此书是为《尚书》配绘的插图,由清代政府组织编纂,成书于清光绪年间。全书图像有五百多幅,相关帝尧神话的图像达二十多幅。

"九族亲睦图""协和万邦图""命官授时图""试鲧治水图""帝廷黜邪图",这五图源自《尧典》一文。五幅图精确概括出帝尧的主要事迹,展现了帝尧的圣贤政治。这些图像所讲的是治下的氏族之间友好亲善,部落联盟的全体成员能够和睦相处。帝尧命令羲氏和氏观察日月星辰运行,推算岁时以制定历法,又试用鲧去治理水患。同时在朝廷上处置奸邪之臣,罢免放齐、驩兜、丹朱、共工四人。(见图3-42—图3-46)

"陶唐有冀图"出自《五子之歌》一文,此图描述了陶唐帝尧占领冀方一带,建立尧都之事。"帝命三后图"出自《吕刑》一文,讲述的是帝尧召见伯夷、禹、稷这三位方国君主,命令他们抚恤民众,建立功业。伯夷负责制定法典,以刑法统治民众。禹平治水土,为山川定名。稷教民众耕作,种植庄稼。最终这三位方国君主都取得了成功,百姓也得到安居,民风大正。需要注意的是,此处伯夷用刑法实施统治是受帝尧之命,说明帝尧认可刑法之治,认为可以通过公正的刑法来治理国家,这也印证了《礼记·祭法》"尧能赏均刑法以义终"的记载。(见图3-47,图3-48)

2

图 3-42　九族亲睦图

5

3

图 3-43　协和万邦图

图 3-44　命官授时图

图 3-45　试鲧治水图

图 3-46　帝廷黜邪图 ①

---

① 《尚书图解》，上海书店出版社 2001 年版，第 2、3、5、11、10 页。

136

图 3-47　陶唐有冀图

497

图 3-48　帝命三后图 ①

---

① 《尚书图解》，上海书店出版社 2001 年版，第 136、497 页。

细观以上诸图，每幅插图的设计和背景配置都颇为考究，最明显的一点是将帝尧人物放大绘制，画面中的帝尧比其他人都要高大一些，以此显示帝王的权威。同时，图中人物的动作、神态、服饰大方得体，线条刻画工致精细，很好地表现了帝尧神话内容，宣扬了帝尧的功德。

4. 明清击壤图与康衢图

以击壤、康衢为主题的图像，绘出的是一曲帝尧太平治世的赞歌。在汉代王充《论衡》等典籍中，已记载帝尧听闻击壤和游观康衢的故事。击壤故事主角是一位老者，边击壤边吟唱："日出而作，日入而息，凿井而饮，耕田而食，帝何力于我哉！"而康衢故事中表现的是儿童，儿童传唱的歌谣是"立我蒸民，莫匪尔极。不识不知，顺帝之则。"两个事件分别从老人与儿童的视角，描绘了民众安闲的生活和自在精神，表现出帝尧政治美政下的和谐美好状态。如"尧帝见儿童作歌乐太平"插图、"老叟儿童击壤歌谣"插图、"帝世时雍图"等。（见图 3-49—图 3-51）

关于击壤的故事，是帝尧神话中的经典叙事。然而，探讨"击壤"的性质，也是历来学者关注的问题，学界论争很多，有游戏说、乐舞说、生产劳动说、投掷运动说等。[1] 但是，无论何种说法都不能否定"击壤"与壤父从事四时劳作的关系，也不能遮蔽由此体现出的治世与尧民生活。这种治世尧民的主题，也得到历代画家的倾心。据北宋《宣和画谱·卷六人物二》记载，唐代画家韩滉有两幅《尧民击壤图》藏于宫庭内府中。[2] 另外，北宋画家李公麟也曾绘制《击壤图》，藏于故宫博物院，表现的是民众歌舞场面。李公麟的画作曾被现代版画大家郑振铎观赏品鉴，称"那人物，几乎没有一个没精神的，姿态各不相同，却不曾有一懈笔。"[3]

明代《三才图会》中"击壤图"，描绘的是数位农人在田边的击壤活动。三国邯郸淳《艺经》记载："壤以木为之，……先侧一壤于地，遥于三四十步以手中壤敲之，中者为上。"此击壤图与《艺经》的文字记载互相印证，直观再现了击壤的过程，即每人手中持一片木板，不远处地上置两片木板，每人将手中木板轮流掷出，以击中地上木板者为胜。（见图 3-52）

---

① 参见张晨霞：《帝尧传说与地域文化》，学苑出版社 2013 年版，第 229—234 页。

② （唐）张彦远：《历代名画记》附录"宣和画谱"，京华出版社 2000 年版，第 343 页。

③ 郑振铎：《海燕》，北京理工大学出版社 2019 年版，第 65 页。

图 3-49　明代"尧帝见儿童作歌乐太平"插图 ①

图 3-50　明代"老叟儿童击壤歌谣"插图 ②

图 3-51　帝世时雍图 ③

图 3-52　明《三才图会》中的击壤图 ④

①　（明）余象斗编：《列国前编十二朝》，上海古籍出版社 1994 年版，第 330 页。

②　（明）钟惺辑：《盘古至唐虞传》下卷，金陵书林余季岳刊本，日本内阁文库藏，第 34 页左图。

③　《尚书图解》，上海书店出版社 2001 年版，第 4 页。

④　（明）王圻、王思义编集：《三才图会》，上海古籍出版社 1988 年版，第 1790 页。

（三）清代尧庙庙会工笔重彩图

如前章所述，山西临汾尧庙庙会世代相沿，在历史上的规模和影响都比较大。清康熙十二年（1673）《临汾县志》中已有会期和规模的明确记载。康熙三十四年（1695）平阳发生强烈地震，致尧庙毁坏，在康熙皇帝拨款修建新尧庙后，庙会的会期不再沿用四月二十八日，而是规定了新会期，历时达一个月，规模更加盛大。可以说，有清一代，尧庙庙会不断发展，直至民国时期，庙会仍兴盛不衰，享誉华北。

这幅清代尧庙逢会图，反映出清代特定时期的庙会活动，为我们再现了当年雄奇庄严的庙宇和繁荣热闹的庙会盛况。此画是 20 世纪 80 年代从襄汾县民间收集而得，作者应为民间画师，姓名不详，是不可多得的地方绘画珍宝，后收藏于临汾市博物馆。可惜的是，画作自收藏以来从未公开面世，如同养在深闺，没有受到应有的关注和研究。因此，立足此庙会图像本身，作出相关帝尧文化的学术探讨，这可以说是第一次。（见图 3-53）

要对图像进行探讨，有必要参照 2002 年出版的《临汾县志》，其中披露的许多信息是研究此画的重要基础。《县志》中讲到画作的收藏过程时，提到此画创作于康熙三十六年（1697），画上原来有"尧庙逢会图"题名等细节，同时还对图中庙会的场面有一段热情洋溢的描述，兹引述如下：

> 戏班演剧的舞台用苇席临时搭建于庙外，庙会的交易、节目内容极为丰富。有买卖农副产品和日常生活器物的，有杂技魔术艺人作种种惊险表演的，有武术擂台比赛，有民间艺术如踩高跷、跑旱船、抬阁、钟馗打鬼、威风锣鼓等各种表演，饭棚、菜摊、果摊、粮摊遍设会场，巡逻清兵四处游动，逛会士民密如织网。[1]

通过这段文字，我们能感受到庙会带来的热闹扑面而来，从而引发对庙会场面的遐想。然而，如果稍作分析，就会发现画作反映的庙会时段、庙会的特色、尧庙建筑以及艺术特色等问题并未见于《县志》叙述中。因此，笔者不揣浅陋，表达

---

[1] 《临汾市志》，海潮出版社 2002 年版，第 1298—1299 页。

图 3-53　清代临汾尧庙逢会图

图 3-54　清代临汾尧庙
逢会图局部（庙宇建筑）

图 3-55　清代临汾尧庙
逢会图局部（游艺）

图 3-56　清代临汾尧庙
逢会图局部（骡马交易）

如下一点思考。

　　通过考察文献资料以及尧庙逢会图中的建筑、景物，笔者初步断定此庙会是在康熙年重修尧庙之前，此时并无万寿宫建筑。（见图 3-54）举办庙会的时间仍是传统的四月会期。此画的创作时间在康熙新庙落成期间，因此画作者当是亲历庙会，又在经历地震庙毁之后，出于纪念或当时某种现实需要而创作。当然，作为一幅庙会风俗画，它显示出清代临汾市民的节俗生活，表现了当时流行的民间游艺活动，也能反映出当地的生产状况和特色商品，对地方文化研究非常重要。正如一位目睹此画实物的地方精英所论：（此画）"颇类宋代张择端的《清明上河图》，具有很高的史料和艺术价值。"①

　　此画绢本设色，工笔重彩，纵 247 厘米，横 179 厘米，图轴形式。从艺术表现来看，画面的视野宽广，庙会场面有严谨而细密的全景呈现，涉及祭拜、表演、游艺、民俗、商贸等诸种活动。比如，在画面下方中央临时搭建的戏台前，聚焦着观戏的人群，棚顶上插有色彩艳丽的旗子，随风飘动。戏台附近有诸多的游艺项目，钢丝、爬杆飞人等各种杂耍情态毕现，动感十足。又如在画面右侧的庙前空地上，聚集着用来交易的骡马，这就是远近闻名的尧庙骡马大会。这些骡马的姿态各异，有游走漫步的，有低下头吃草料的，有扬起前腿嘶叫的，也有被人牵着或骑着的，描绘得非常真实生动。（见图 3-55，图 3-56）最有亮点的是描绘熙熙攘攘的人物，据统计，画中人物有 2550 多个，这些人物疏密分布，给庙会带来生机。整幅画线条遒劲有力，设色典雅清淡，画作中的人物、庙宇、亭台、草棚、树木、车马、轿辇等，比例和布局合理，各种物象安排得有条不紊。

（四）清代帝尧天官赐福年画

　　帝尧天官神像年画流传于明清、民国时期，因其主题以赐福为主，故又称天官赐福年画。这类神像年画是在年节使用的吉祥画，地域分布较广，祈福纳祥的功能非常突出。

　　天官赐福吉祥年画的出现，直接源于人们对福寿观念的认知与追求，其神像

---

①　高树德编：《尧庙》，2003 年印，第 102 页。

的版式也经历了长期的变化发展。根据其生产作坊的规模成就与绘画作品特色，形成许多年画流派，影响较大的有江苏苏州桃花坞年画、北京年画、山西平阳年画等。目前，这些流派中仍保存着清代刻绘的天官赐福年画。

在苏州桃花坞年画和北京年画中，天官赐福形象较常见。画中天官戴官帽，着红袍，五绺或三绺长须，眉目慈善，脚蹬朝靴，或端坐或站立，手握"天官赐福"卷轴，或抱持如意，表明天官的身份和赐福主旨。这些形象元素后来发展成为天官赐福年画的恒定符号。（见图 3-57，图 3-58）

平阳年画与上述年画的风格稍有不同。比如清代天官赐福墨线版年画，是在方形纸上以菱形的画法而绘制，是天官的半身像，在贴法上也比较特别。另一幅天官赐福年画，是以写实的方法将天官画成一位文官，天官头戴笼巾帽，右手持长须，左手中握如意，旁边站立一位童子，手捧官印，象征天官拥有的权力。（见图 3-59，图 3-60）

（五）清代民国帝尧陵庙建筑绘画

陵庙建筑绘画是关于古代尧庙、尧陵、尧母陵的建筑格局绘制图，是一种独特的古代绘画作品，主要保存在清代及民国时期的地方志中。

1. 清代山东濮州尧陵图

清代濮州尧陵地处今山东鄄城县。在清宣统元年（1909）《濮州志》中，收录两幅尧陵图，一为宣统修志之前、乾隆年间的"尧陵古图"，一为修志时的"尧陵今图"。两图描绘出尧陵的不同形制，说明尧陵的建筑格局发生过较大变化。

从"尧陵古图"中可看到，尧陵坐北朝南，为三进式长方形院落，四周围以砖墙。山门前立一"石门"牌坊，牌坊东侧有房数间。牌坊与山门之间，居东一侧有"圣母殿"及水井。第一进院落的东西两侧均为"更衣亭"。二进院门为一正两偏，门内左右是东西厢房，院正中主体建筑是"享殿"，享殿前有一圆形花园。享殿后是第三进院，正中是一座高大的帝尧墓丘，前立石碑，上书"帝尧陵"，墓两旁古松掩映，显得肃穆庄重。（见图 3-61）

据"尧陵今图"显示，宣统年间的尧陵园区遍植树木，而数进院落、享殿朝房、圣母殿、石门等已不知所踪。陵园门外新建一所学堂，从所修讲堂、自修

图 3-57　清代江苏桃花坞天官赐福年画①　　　图 3-58　清代北京天官赐福年画②

---

①　殷伟、殷斐然编:《节令年画》,清华大学出版社 2016 年版,第 85 页。

②　同上书,第 84 页。

图 3-59　清代平阳天官赐福墨线版年画
（平阳木版年画博物馆提供）

图 3-60　清代平阳天官赐福年画
（平阳木版年画博物馆提供）

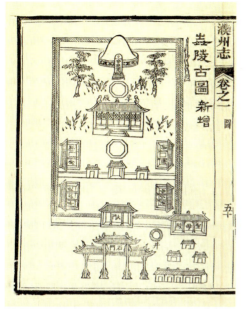

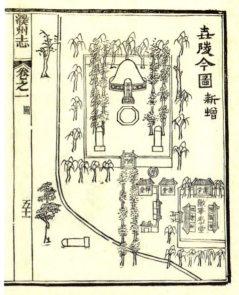

图 3-61　山东濮州尧陵古图　　　　　　　图 3-62　山东濮州尧陵今图

室、膳堂等建筑可观其规模，也可知当时新学教育发展的状况。此图所反映的传统祭祀建筑被新式学堂取代的情况，或可为近代教育发展研究提供一则旁证材料。（见图 3-62）

2. 清代山西清徐县陶唐古迹图

据山西清徐县地方志记载，"陶唐古迹"是清代地方八景之一，光绪八年（1882）《清源乡志》保存了这八景的平面图。"陶唐古迹"图描绘的是尧城村落在历史上的城池图景，具体包括这座城池的自然环境、地理交通、古建筑物以及整体格局。从图中可以看出，这个城池结构严整有序，城门、街巷、庙宇对称排列，水井与四个水坑分布在城内四角。城南门外有乌马河流淌，河上架桥，城四周分布水井，树木成荫，生态风光秀美。南北门外建立高大的斥堠，防御外敌，以保护城池安全。（见图 3-63）

从尧城村庙宇的存在情况看，最有特色的要数龙王庙和尧庙了。龙王庙的数量最多，城内城外皆有分布，这是由尧城村特殊的生态条件决定的。当地自然水系发达，人们生产生活不缺水，但是水满则溢，农田和日常用度也会遭到破坏，

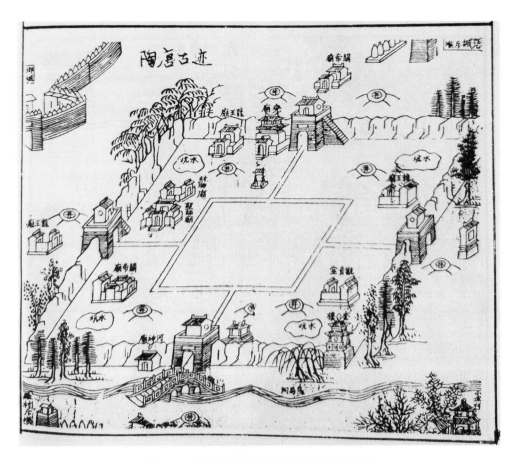

图 3-63　山西清徐陶唐古迹图（续鹏飞提供）

龙王庙的兴盛体现出民众对水资源均衡发展的愿望。而尧庙直接表明了这座城池的厚重历史，在诸多庙宇中的规格最高。图中的尧庙位于北城门西侧，坐北朝南，整个建筑高大秀美，重檐翘角，神圣庄严。庙前曾建一牌楼，今不存。尧庙与这座城池的关系是密切的，原因可能在于人们相信帝尧兴建了尧城，或者帝尧曾在此建立一番功业，于是立庙纪念，感恩帝尧的功德。

　　此外，在尧城西门外的水井也与帝尧神话有关。图中的水井位于龙王庙旁边，也称龙井。据清乾隆四十五年（1780）《重修井龙王戏亭碑记》碑文，[①] 此井或为尧所凿，一直沿用了数千余年。至今，当地仍流传帝尧发明水井的故事，认

---

① 《重修井龙王戏亭碑记》碑文，由山西清徐县原文物管理所所长万青云提供。

为此井是由帝尧亲自开凿的。

3. 清代河北望都县尧母陵庙与尧庙图

在清代和民国《望都县志》中，保存了多幅不同时期的尧母陵庙、帝尧庙建筑布局图，为我们研究帝尧神话图像提供了宝贵的资料。这些布局图分别见于清乾隆三十六年（1771）、清光绪三十年（1904）、民国二十三年（1934）诸县志中。

从清乾隆年间的尧母陵庙图看，陵与庙是前后相接的，在陵区前修建了祠庙。祠庙由大门、二门、正殿及东西朝房组成。陵区内有尧母陵坊、尧母陵、圣泉。到了光绪年间，尧母陵庙已具备相当规模，陵庙的布局更宏大，建筑设计也更加精美。比如在大门前增设影壁与莲花池、紧邻祠庙修建书院、整修美化正殿和尧母坟等。尧母陵庙格局在民国时期未作变动。整体来说，尧母陵庙均要比同时期的帝尧庙规格要高，设计也考究些。（见图3-64，图3-65）

比较历代帝尧庙图可以看出，清代帝尧庙前有一木构牌坊，横额书"则天帝范"。正殿面宽三间，题名曰"大哉殿"，取孔子赞尧"大哉尧之为君"之语。乾隆时期仅设置头门，光绪年间规模扩大，增加二门及东西朝房。院中有两株古柏，分列东西两侧，古柏一为三枝，一为五枝，对应着"三皇一本、五帝同根"题联。（见图3-66，图3-67）

4. 民国山西临汾尧庙等图

在民国二十二年（1933）《临汾县志》中，收录时人沈步霞绘制的三幅帝尧神话图像，分别是尧庙图、尧陵图、茅茨土阶图。

尧庙图反映的是自清康熙重修以来尧庙的基本庙貌。根据方志、碑刻等资料记载，尧都区尧庙的格局经历过多次重大变动，反映出不同时代社会观念思想的差异。元代称为光宅宫，是在道教文化下修建的。明代改为尧舜禹三圣庙，体现了儒家的伦理礼制思想。清康熙年间，平阳地震，尧庙毁坏，重修后的尧庙格局再变，在三圣庙西修建万寿宫大殿，至此，尧庙成为四个大殿并立的庙宇，直至民国时期。民国尧庙图呈现的庙貌，便是以四大殿为主体，同时勾勒出牌楼、井亭、碑亭、尧井等风物，以及庙内的自然环境和空间分布，是研究帝尧文化的重要资料。（见图3-68）

尧陵图以"帝尧陵"碑为中心，描述了尧陵所在的自然环境。从高大的山

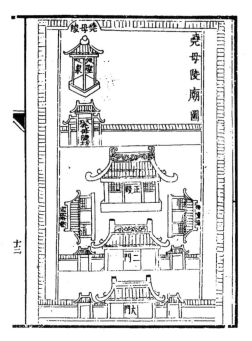

图 3-64　望都县乾隆年间尧母陵庙图

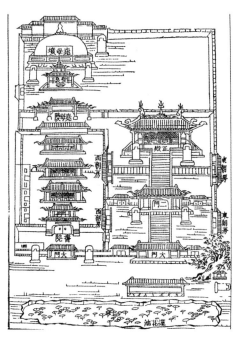

图 3-65　望都县光绪年间尧母陵庙图

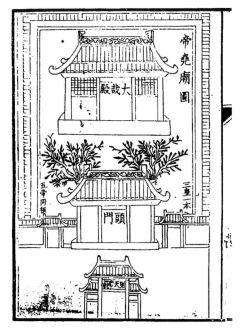

图 3-66　望都县乾隆年间帝尧庙图

图 3-67　望都县光绪年间帝尧庙图

尧 廟 圖

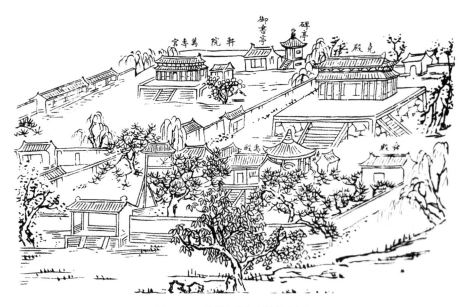

图 3-68　临汾民国时期尧庙图

石、茂盛的松柏草木中，可以推知陵区的幽僻和陵冢的高大。（见图 3-69）

　　茅茨土阶图展示的是帝尧俭朴遗风。此画描绘了临汾伊村土堡内外的各种风物，堡内连片房屋只占据画面的一角，而在堡外的广大区域中，茅屋和古碑才是画作的重点和中心。在堡外土丘的最高处，有一个茅草覆盖的小屋，屋前树立一通石碑，碑的正面朝着村外，上书"茅茨土阶"四字，表明小屋的性质及历史地位。此碑是一处帝尧文化历史遗迹，从明万历年临汾县令所立，经民国留存至今，已成为帝尧品行的象征。从石碑和茅屋处往下看，则可见矗立村口的牌楼及村外的汾河谷地。可以说，此图重点突出，围绕着茅屋和古碑，描绘了这两个风物的特征、具体方位、自然环境，表现出帝尧生活和居住环境的简陋。这种简陋与帝王身份的失衡，恰好凸显了帝尧高尚的品质。画作的笔墨朴拙，写意自然，风物高低错落，疏密有致，有一定的审美价值。（见图 3-70）

图 3-69 临汾民国时期尧陵图

图 3-70 临汾民国时期茅茨土阶图

三、庙宇景观图像

庙宇景观图像是在庙宇空间内呈现的，能够深刻体现帝尧神话的内涵和应用价值。这些帝尧神话图像风格各异，或古朴厚重，或精巧雅致，反映出一个地域的历史传统、信仰文化和审美趣味。由帝尧神话生成的庙宇景观，不仅是地方社会祭尧仪式的场所，也是传播道德、仁爱、和谐等思想理念的公共空间，在当代的地方文化建设中发挥着重要作用。兹以地域空间为序，具体讨论典型的庙宇景观图像。

（一）晋南庙宇景观

晋南是帝尧神话发生和展演的核心区域，这里的庙宇景观承载着厚重的人文历史，接续着优良的文化传统，演述着丰富多彩的帝尧神话。

1. 临汾市尧都区尧庙

尧庙位于临汾市尧都区城南两公里处的尧庙村，是历史上颇有影响的祭尧场所，现为山西省重点文物保护单位。目前，尧庙内主要景观有仪门、五凤楼、广运殿、舜殿、禹殿、寝宫、仿文物石雕、尧井台、尧字壁、尧典壁、古柏树、帝尧钟、帝尧鼓等。这些景观大致可分为四类：建筑、塑像、树木、器物。

其一建筑类。以尧庙中轴线上的仪门、五凤楼、广运殿为代表。尧庙仪门是祭拜帝尧时经过的礼仪之门，1999 年重建。门额上题"文明始祖"，评价了帝尧作为开创文明之始祖的崇高地位，仪门背面的"光披四表"题词，则是对帝尧功德光耀天下的莫大赞誉。仪门下的龙凤甬道两侧，布置了系列仿古文物雕塑，力求再现上古帝尧时代的情景。（见图 3-71）

五凤楼亦称"光天阁"，始建于明正统年间，是帝尧与四位大臣议事之地。"五凤"是指帝尧与四位大臣，后人誉为五凤，遂建楼以纪念。此楼建筑为三檐歇山顶，面阔七间，围廊二十间，上层周有围廊阅台，供人登楼眺望。楼下三孔砖券门洞，经尧井，通往广运殿。（见图 3-72）

广运殿又名尧殿，是尧庙中最高大宏伟的建筑。"广运"取帝尧功德广以配

图 3-71　尧庙仪门及龙凤甬道两侧仿古文物雕塑（尧庙景区提供）

天，运以载地之义而得名。此殿重檐歇山顶，绿色琉璃瓦饰边，面宽九间，进深五间，围廊三十二间。殿前台阶居中嵌巨型石质彩绘龙盘浮雕，龙盘图像取自陶寺文化遗址出土的彩绘陶盘，被称为中华第一龙。大殿第一层檐上起盖两层彩楼，结构精巧，彩楼两侧悬"民无能名"四字，高度赞扬了帝尧之功德。殿内塑帝尧及四大臣铜像，东西北三面墙壁挂着上百枚《尧典》经文简牍，其下近墙处展陈着帝尧生平事迹的泥塑群。（见图 3-73，图 3-74）

　　其二塑像类。一般来说，主殿的塑像体现着庙宇的功能、定位，很大程度上决定着信众的多寡。百年来，广运殿内的帝尧塑像经历了三次变迁，这从图像资料可以得到反映。

　　在搜集到的塑像图片中，最早的是民国时期所塑帝尧像。此时，广运殿内的帝尧为泥塑，高 3.95 米，通身彩绘。帝尧坐于神龛内的龙椅上，身体浑圆宽阔，虎眼大耳，双臂弯曲，抱拳拱手，温和谦恭。头戴莲花冠，身着帝王礼服，外披大氅，衣饰华丽，仪态庄重。两侧站立四位侍从，高二米许，表情生动，神态各

图 **3-72**　尧庙五凤楼
（尧都区文旅局提供）

图 **3-73**　尧庙广运殿

图 **3-74**　尧庙广运殿内
帝尧制陶泥塑（张海杰提供）

227

图 3-75 民国时期帝尧彩塑像及侍从（赵国琦提供）

异。神龛下分立四位大臣，高 3.4 米，相传为后稷、伯夷、皋陶、伯益，也有说是四位地方精英，名叫方季、王满、单非、禾覃。①（见图 3-75）

帝尧塑像的第二次变迁是在 20 世纪末。1998 年尧庙广运殿烧毁，民国既有的帝尧像不复存在。地方政府重修广运殿，1999 年塑成帝尧像。新的帝尧像坚持修旧如旧的原则，仍为彩绘泥塑。帝尧端坐神龛中，束发戴冠，三绺长须，面部红润，慈眉悦目，一手拈须，另一手置于膝上，显得儒雅华贵。（见图 3-76）

第三次帝尧塑像即当下目见。2002 年，地方政府以根祖形象重塑帝尧，也是尧庙历史上首次展示出的帝尧人文祖先形象。帝尧像高五米，铜铸，表衣贴金，端坐于拜祖台上。其坐具非常独特，不再是传统的龙椅或帝王椅，而是一棵巨大沧桑的古树根。帝尧束发戴冠，五绺长须，衣着古朴，衣襟前饰图腾，两手

---

① 此帝尧四大臣塑像信息采自《临汾市志》，中华书局 2013 年版，第 2870 页。

图 3-76　尧庙 1999 年重建后的帝尧塑像（乔忠延提供）

置膝，脚穿麻绳鞋。如此这般塑像，目的是要还原上古时代的帝尧，凸显帝尧的根祖地位。四位大臣亦皆铜像，均为 4 米高，分别是四岳、后稷、羲和、皋陶。四岳手执蓍草，为祭祀占卜中所用；后稷手中握着嘉禾，象征教民稼穑之事；羲和所持为璇衡，与观测日月星象运行有关；皋陶紧握绳索，表明一种司法者身份。（见图 3-77—图 3-79）

　　另有寝宫，位于广运殿之后，为帝尧与夫人鹿仙女休憩居住的场所。内塑帝尧与鹿仙女像，高 1.5 米，彩绘泥塑。帝尧与鹿仙女并排端坐于神龛之内，温和慈祥，受到民间的祭祀膜拜。民众常为他们洒扫装饰、披袍戴冠，以表达崇敬感恩之情。尚需指出的是，这两尊塑像是民国年间的传统塑像，保存至今颇为不易，对于帝尧神话图像和信仰研究均有独特的参考价值。（见图 3-80）

图 3-77　尧庙广运殿帝尧塑像（张海杰提供）

图 3-78　尧庙广运殿羲和后稷塑像

图 3-79　尧庙广运殿四岳皋陶塑像

图 3-80　尧庙寝宫帝尧与鹿仙女塑像

　　其三树木类。广运殿前有四棵古树，分别叫柏抱楸、柏抱槐、鸣鹿柏、夜笑柏。每一棵古树背后都有生动的神话故事。比如鸣鹿柏来历的不同故事，有的是讲鹿仙女变成一只梅花鹿，突然跑到树下嘶鸣，思念尧王；也有的提及人们在为帝尧塑像时，一对梅花鹿来到，绕着古柏树长鸣歌唱，欢乐之至。这四棵奇树是尧庙中最古老的物种，本身携带着神秘动人的神话故事，它们已然成为神树，受到民众的祭祀。（见图 3-81）

　　其四器物类。尧庙内的特色器物较多，尧井台、尧典壁已有过专门介绍，此处对帝尧鼓稍作说明。此鼓于 2000 年安放于尧庙鼓楼，牛皮制成，鼓面直径3.11 米，高 1.2 米，被誉为"天下第一鼓"。（见图 3-82）

　　2. 临汾市尧都区尧陵

　　尧陵地处临汾市尧都区北郊村西，依山傍水，陵庙合一。陵依崖而建，陵周土崖环抱，崖下有涝河流过，陵前建有祠宇，现为全国重点文物保护单位。自2007 年开始，地方政府大规模复修尧陵，实施一期二期工程，目前的尧陵景区

图 3-81 尧庙广运殿前的鸣鹿柏

图 3-82 尧庙帝尧鼓

由尧帝陵寝区和国祖殿区构成。

陵寝区为历史上尧陵所在，由山门、仪门、献殿、陵寝构成。原先的山门上建有戏台，下为砖券门洞，这种楼阁式的庙宇山门，为适应戏曲酬神表演而修建，是历史上山门形制的经典范式。仪门系木构牌坊，斗拱飞檐，结构精巧，正面书"平章百姓"，背书"协和万邦"。（见图 3-83，图 3-84）

正中的献殿面阔三间，东西为配殿。献殿后有石阶十三级，踏阶而上，原有正殿五间，现存搭建的碑廊，中间竖立明万历十二年（1584）"古帝尧陵"碑，为钦差兵巡河东副使关西栗在庭书。（见图 3-85，图 3-86）陵内中轴线的两侧，各有厢房耳房，碑廊下石阶两旁，东西各有一院，原献殿东西的斋室以及神厨已无存。一期工程竣工后，陵寝区又新增一些景观，如新山门、赤龙壁、唐尧桥、钟鼓楼等。

陵寝区的核心景观是陵寝。陵寝高 50 米，周 300 米，松柏葱茂，是世代民

图 3-83　尧陵山门上的过街戏台

图 3-84　尧陵仪门牌坊

图 3-85　尧陵献殿

图 3-86　明万历十二年（1584）古帝尧陵碑（尧都区文旅局提供）

图 3-87　尧陵陵寝

众认可的帝尧埋葬之处。以陵寝为纪念物，当地流传着许多帝尧神话传说，如丹朱违意选址葬尧传说、众人掬土成丘葬尧传说、帝尧悬棺而葬传说、七星古柏传说等。（见图 3-87）

　　国祖殿区是尧陵二期工程修建的祭祀场所，包括国祖殿及朝圣门、尧天丰碑、十二生肖柱、姓氏图腾甬道等景观。国祖殿坐北朝南，为仿汉高台组群建筑形式，气势恢宏。整个建筑共六层，第一到四层主题分别是四海同宗、寻根祭祀、文明始祖、帝尧功绩，第五、六层为娱乐和观景台。其中第四层是祭拜主殿，内塑帝尧像，高 11.8 米，鎏金制作，帝尧双手置膝，端坐金椅上，接受人们的祭拜。（见图 3-88，图 3-89）

　　3. 临汾市尧都区仙洞沟

　　仙洞沟位于尧都区西南的姑射山中，是一处自然与人文俱佳的著名胜地。仙洞沟独特的生态环境，孕育出别致的山梁潭泉、异石奇树，历代能工巧匠据山背洞，亦在此营造了不少神宅仙府、庙观洞阁，其中不乏供奉帝尧

图 3-88 尧陵国祖殿

图 3-89 尧陵国祖殿帝尧像

的庙宇。比如北仙洞最高峰的金台顶上，曾建三官楼，供奉尧舜禹，现已不存。①

仙洞沟现存最主要的帝尧神话景观是一些洞窟及塑像。神居洞列于首位。它是仙洞沟最大的天然洞窟，又叫姑射神人庙，得名于《庄子》"有神人居焉"一语。传说尧王与鹿仙女结婚后，从鹿仙女洞搬到这里，通过洞内正后方的缠腰洞，可攀爬至小天庭，僻静安全的小天庭就是他们隐蔽的住所。此洞中建庙，庙后藏洞，洞中依势塑神像近百尊，塑像最前方是帝尧与四大臣。这是一个典型的帝尧议政图像景观，帝尧独坐于一米多高的平台上，冕旒盛服，白发白眉白须，颇具帝王之气；其身后并排端坐的是舜和禹，诸侯衣冠，担任辅政之职；在帝尧面前矮处的小砖台上，四位大臣正襟执笏板分立两旁，身体前倾执臣子礼，这七尊塑像均真人大小，他们前后左右相依，俨然描述了帝尧朝堂议政的画面。（见图3-90，图3-91）

鹿仙女相关的洞窟也是仙洞沟重要的神话景观，主要有仙洞、鹿仙女洞、黑龙洞。仙洞位于北仙洞，当地流传鹿仙女从小生活在一个石洞内，因为其为民众造福，又是尧王的夫人，便把这个石洞称仙洞。现洞内塑鹿仙女坐像，鹿仙女面容清秀，衣着鲜亮，仪态端庄，显示出少女时期的形象。（见图3-92）鹿仙女洞据传是尧王与鹿仙女的成婚洞房，此时鹿仙女是新娘，前章已述。黑龙洞离鹿仙女洞不远，洞内供奉鹿仙女坐骑黑龙的化身像，传说这只黑龙原在仙洞沟的乌龙潭作恶，后被鹿仙女降伏，成为坐骑。（见图3-93）

还有一种景观与树木联系。比如梳子柏、爱情树、凤凰柏。仙洞沟观音阁外壁上有一个不大的石洞，洞口处残存着一个石化柏树根，上有五个木杈，状似梳子，传说是鹿仙女用手拨拉留下的印记。爱情树生长在鹿仙女洞前，实为一株荆条树，因枝条状似梅花鹿，根茎不腐烂，带着洞主鹿仙女的灵气。洞外不远的凤凰柏，也受到鹿仙女身份的影响，凤凰比附尊贵地位，蕴含尧王夫妇鸾凤和鸣之意。（见图3-94—图3-96）

4. 临汾市尧都区尧帝古居

尧帝古居位于尧都区伊村，是地方政府开发建设的一处帝尧故里空间。现存

---

① 据2020年10月20日姑射村访谈杨焦杰。杨焦杰，尧都区姑射村人，仙洞沟文保员。

图 3-90　仙洞沟神居洞

图 3-91　神居洞内帝尧与四大臣塑像

图 3-92　仙洞鹿仙女塑像
（杨岭岭提供）

图 3-93　黑龙洞黑龙塑像

**图 3-94　观音阁
外壁的梳子柏**

**图 3-95　鹿仙女
洞前的爱情树**

**图 3-96　鹿仙女
洞外的凤凰柏**

图 3-97　尧帝古居帝尧茅
茨土阶碑（李雁军提供）

景观有帝尧茅茨土阶碑、尧王大殿、祭农坛、赤龙潭、尧王井等。

　　帝尧茅茨土阶碑是尧帝景区择扯复建的关键参照物。古碑正面书写"帝尧茅茨土阶"六个大字，古朴庄重，背面则是《尧封茅茨土阶记》，由明万历年临汾县令孙延长撰写，此文从帝尧居住的茅茨发论，肯定了帝尧圣德及立此碑的价值。（见图 3-97）

　　尧王大殿面宽五间，进深四间，重檐半拱，屋顶是仿茅茨盖成的，豪放朴拙，造型独特。殿前台阶居中嵌尧文化徽标浮雕，以尧字为中心，周围三凤环绕，体现凤凰来仪、万国朝贺之意。大殿内塑帝尧与夫人鹿仙女，二人并排端坐于高台上。（见图 3-98—图 3-100）

　　祭农坛与赤龙潭皆是由帝尧神话产生的景观，前者表明帝尧的农业功绩，后

图 3-98　尧帝古居尧王大殿

图 3-99　尧王大殿
前的尧文化徽标

图 3-100　尧王大殿帝尧与鹿仙女塑像

者形似月牙，因尧母庆都感赤龙孕而得名。（见图 3-101，图 3-102）

尧王井在尧帝古居大门牌坊的西南，传说是尧王亲自打的一口井。井口的直径两米多，井壁下方砌石砖，井深约 3 米。此井曾是当地的人畜生活用水和灌溉浇地用水，现在仍有水，即使干旱天气也未干涸，有"满水井"之称。（见图 3-103）

5. 洪洞县唐尧故园

唐尧故园位于洪洞县羊獬村，是参与当地三月三走亲活动的重要庙宇。现园

图 3-101　祭农坛

图 3-102　赤龙潭

图 3-103　尧帝古居外的尧王井

内有八个大殿，分别是尧王大殿、尧王寝宫、英皇双凤殿（姑姑殿）、子孙娘娘殿、玉皇阁、马王庙、关公庙、财神楼，其中尧王大殿和姑姑殿为主要的信仰空间。

尧王大殿为唐尧故园的正殿，重檐歇山顶，面阔五间，四周竖立 24 根朱柱，形成回廊。传说为帝尧与群臣议事的地方。（见图 3-104）大殿内的帝尧端坐于神台的龙座上，戴冠披袍，长须，粉面朱唇，目光如炬。身旁有四个侍者，两侍者托举宝扇恭立于后，两侍者手捧金印或圣旨立于两侧。台下是后稷、皋陶、契、伯益，这四位大臣均着华美朝服，手执笏板，恭敬地分立两侧。另有一獬豸蹲坐于殿内东侧的窗下，表明帝尧执法治政的公平威严。（见图 3-105—图 3-108）

尧王寝宫位于尧王大殿之后，是帝尧和夫人鹿仙女休息之所。两个神像并坐于神台之上，帝尧束发戴冠，双手捧玉圭，严肃恭谨。鹿仙女慈眉善目，端庄大方。有童男童女居于二神左右，或端香炉，或捧茶杯，侧身侍立。（见图 3-109）

图 3-104 唐尧故园尧王大殿

图 3-105 尧王大殿帝尧塑像

图 3-106 尧王大殿后稷皋陶塑像

图 3-107　尧王大殿契伯益塑像

图 3-108　尧王大殿内的獬豸像

图 3-109　尧王寝宫帝尧与夫人鹿仙女塑像

图 3-110　陶唐峪尧祠院落　　　　　　　图 3-111　尧祠的尧宫

6. 霍州市陶唐峪尧祠

尧祠是霍州市陶唐峪内的祠庙，建在山中腰的平台上，环山靠水，生态环境优美。祠庙采用砖窑式建筑，坐北朝南，一进院落。院中有十几孔砖窑，供奉着多种神灵，有尧舜禹及菩萨、送子娘娘、披头祖师等。面南正中间的三孔砖窑是正殿，称为尧宫。（见图 3-110，图 3-111）

尧宫内有尧舜禹三像，泥塑，帝尧居中。神龛之内的帝尧束发戴冠，三绺长须，双目注视前方。身穿龙袍，腰系玉带，正襟端坐，一手拈须，另一手置于膝上，显出儒雅谦恭之态。在帝尧身边，有四位大臣手持笏板侍立两侧。有意味的是，在帝尧塑像前的方木桌上，摆放着一个大型龙头根雕，杏木材质，龙角、躯干弯度都是自然生成，使龙的形象更加神秘灵动。龙头根雕的设置，呼应了帝尧真龙天子的身份，更重要的是表明帝尧与龙王信仰的关系。在陶唐峪一带的民众看来，帝尧就是一位司雨神，能施云布雨，解除干旱。（见图 3-112，图 3-113）

7. 永济市尧王台

尧王台位于永济城西南 8 公里的中条山余脉上，是以演述帝尧禅让文化为主的庙宇空间。目前建成的尧王台景观包括三座古庙、尧像广场和尧王阁。

图 3-112　尧宫帝尧塑像　　　　　　　　　图 3-113　尧宫帝尧像前的龙头根雕

　　这三座古庙次第排列在三个山包处，由南至北分别是玉皇大帝庙、祖师庙、三元庙，主体均为靠崖式窑洞建筑。前两庙供奉玉皇大帝和真武大帝，三元庙供奉尧舜禹。当地传说，这三庙是帝尧拜天、祭祖、传位的地方。（见图3-114，图3-115）

　　三元庙是承载帝尧禅让故事的核心庙宇，内塑举行禅让的尧舜禹三位古帝。因尧舜禹对应于道教的天官、地官、水官，故称三元庙。庙内正中为帝尧坐像，

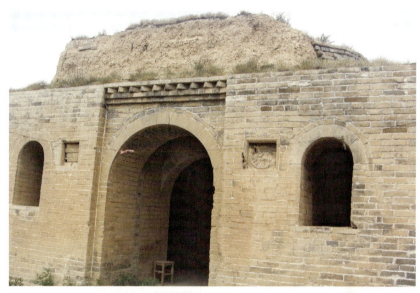

图 3-114　永济市尧王台玉皇大帝庙

图 3-115　尧王台祖师庙（王丽娜提供）

泥塑，外刷金粉。帝尧戴冕旒，披黄袍，神情严肃。双手执玉圭，表明帝王的权力和权威。（见图 3-116，图 3-117）

在尧像广场上，矗立着一尊帝尧立像。像高 12 米，坐南朝北，面向蒲州城，基座雕刻着二十四孝图。帝尧束发戴冠，长须，颈部佩戴蚌壳挂饰，身穿宽袍大袖，前襟绘多种帝王服饰纹样，古朴庄重。最有特点的是帝尧张开双臂的动作，表示要将天下子民托付给舜，意在行禅让之礼。[1]景区还建有尧王阁，据传帝尧曾在此远眺蒲州故城。（见图 3-118，图 3-119）

（二）晋东南庙宇景观

1. 长子县熨斗台

熨斗台也称"北高庙"，是长子县城北关的一个土台，岿然高峙，北高南低，因形似熨斗而得名。此熨斗台的来历，据清乾隆三十五年（1770）《潞安府志·古迹》载："世传丹朱筑，形似熨斗，上有神农庙。"可见熨斗台与尧子丹朱的关系。而且在熨斗台阁楼上曾挂有"尧封天下第一景"的牌匾。

熨斗台上曾建有众多庙宇，有炎帝神农庙、吕祖阁、祖师庙等。抗日战争期间，这里发生过激烈战斗，为纪念抗战胜利，1946 年被辟为北高庙革命烈士陵园。在陵园内建立的历史文化长廊中，绘有一幅丹朱送宝故事图，表明长子县因丹朱而得名的历史。目前，陵园的主体建筑是一座革命烈士纪念塔，为五层七级九檐六角形，寓意深刻。（见图 3-120）

2. 长子县尧王庙

尧王庙位于长子县大堡头镇韩坊村，是县境现存唯一祭祀尧王的庙宇，2013年被列为全国重点文物保护单位。尧王庙，又称唐虞庙，始建年代不详，从庙内现存墙壁碑刻看，曾于元至元十五年（1278）重修，明清两代均有修葺。（见图 3-121）

此庙坐北朝南，一进院落，正殿建在一米高的砖石台基上。面阔三间，进深六椽，单檐歇山顶，檐柱与廊柱采用四棱抹角石柱，殿四周均设斗拱，为元代遗构。殿内残存清代风格壁画，据地方民众讲，这里曾奉祀尧舜禹三位帝王，现塑

---

[1] 据 2022 年 2 月 10 日电话访谈王丽娜。王丽娜，永济市人，曾任尧王台景区接待部部长。

图 3-116 尧王台三元庙
（王丽娜提供）

图 3-117 尧王台三元庙
帝尧像（王丽娜提供）

图 3-118　尧王台尧像广场帝尧像（王丽娜提供）

图 3-119　尧王台尧王阁
（王丽娜提供）

图 3-120　长子县熨斗台

图 3-121　长子县尧王庙正殿

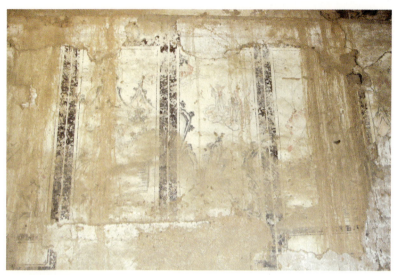

图 3-122　尧王庙正殿内清代壁画

图 3-123　尧王庙舞楼

像全无。正殿对面为舞楼，为清代遗构，舞楼是演剧酬神的场所，可见尧王庙当时祭尧的欢娱场面。（见图 3-122，图 3-123）

3. 黎城县三官庙

三官庙位于黎城县黎侯镇西关村，是祭祀尧、舜、禹三官的庙宇。据庙内保存的明万历四十七年（1619）《重修三官庙记》碑刻，这原是一座道教庙宇，在明代供奉着三官道教神，并非如今的尧舜禹帝王三官神。

三官庙主殿坐西向东，面阔五间，内塑尧舜禹三尊坐像，帝尧被尊奉为天官

图 3-124 黎城县三官庙主殿

图 3-125 主殿帝尧天官塑像

上元大帝，俗称天官老爷，舜和禹分别称为地官、水官。北侧的配殿奉关公、周仓、关平，南侧配殿奉岚山龙王、雷公、电母，南北配殿兼祀马王、皮祥等神。主殿对面是戏楼，戏台下部中央是山门过道。（见图 3-124）

主殿之中的帝尧，头戴冠冕，身着龙袍，手托令牌，尽显帝王的威仪。其身后墙上彩绘两条云龙，除了象征帝王身份外，主要是与地方的龙王信仰相契合。龙能兴云布雨、缓解旱灾，也能治愈疾病、消灾降福，表明帝尧司雨神的新身份。配殿中的岚山龙王是黎城县历史上非常灵验的本土神灵，帝尧此时与其一起，主管风调雨顺，受到民众的崇祀。（见图 3-125）

（三）晋中庙宇景观

1. 清徐县尧庙

尧庙位于清徐县尧城村北，是由四个主要庙宇组成的建筑群，现为全国重点文物保护单位。这些庙宇均面南而建，自东向西并列排开，依次是尧庙（帝尧殿）、观音堂（九连洞或四星楼）、圣母殿、送子娘娘殿（狐仙楼或泰山楼）。民间传说，这里是当年尧王住过的地方，也是尧王建都、造历法的地方，为了纪念尧王，后人修建了尧庙。

主体建筑帝尧殿居于较高台基之上，坐北朝南，面阔五间，重檐歇山顶，四周廊柱 20 根。此殿雄峻挺拔、建构结构精巧，斗拱建造技术更是精湛超绝。大殿内部不见梁架，殿顶采用檩、枋、斗拱构架叠置三层，由四周向中心迭涩而成，形如庞大疏朗的藻井，底层、中层为正方形，上层为八角形，井底镂刻八角天文图，无梁无架，半拱托撑，俗称无梁殿。（见图 3-126）

图 3-126　清徐县尧庙帝尧殿

殿中帝尧端坐于神台之上，冕旒华服，仪态大方。帝尧身后彩绘飞龙，左右侍立二童子。塑像前挂帷帘，两边书写着"神圣风范""帝王楷模"。（见图 3-127）大殿内还有四位大臣，分别是羲仲、羲叔、和仲、和叔，他们分立两旁，手中或拈蓂荚草，或执书卷毛笔，或托日晷，或作观测状，皆与记时制历有关。（见图 3-128—图 3-131）

图 3-127　帝尧殿尧帝塑像

图 3-128　帝尧殿羲仲像

图 3-129　帝尧殿羲叔像

图 3-130　帝尧殿和仲像

图 3-131　帝尧殿和叔像

尧圣母殿在帝尧殿西侧，殿内供奉三位圣母娘娘，是尧舜禹三位帝王的母亲，即尧王圣母、舜王圣母、禹王圣母，尧王圣母坐在中间。圣母殿正对面有一倒座戏台，坐南朝北，面阔三间，卷棚顶形制，正中悬挂着"昭格楼"牌匾。戏台木柱雕花精美，平板枋上的龙云纹饰与额枋悬挂的龙珠，组成二龙戏珠图，寓意富贵吉祥。戏台曾用来演戏酬谢圣母娘娘与帝尧，早已弃置不用。（见图 3-132，图 3-133）

图 3-132　尧庙圣母殿内尧王圣母像

图 3-133　尧庙古戏台

2. 平遥县帝尧庙

帝尧庙位于平遥古城外，是一处以崇祀帝尧为主的历史性庙宇，1994 年被列为县级重点文物保护单位，现为平遥县民间信仰活动场所。此庙坐北朝南，共两进院落。院落正中是供奉帝尧的广运殿，东西配殿是虞舜殿和夏禹殿，广运殿两侧还建有钟鼓楼及碑廊。二进院的中间是尧帝寝宫，供奉尧帝、尧母、尧妻，二层是三皇阁，东西配殿供奉玉皇、王母和七十二行祖师。

广运殿是帝尧庙主殿，殿中供奉帝尧及四大臣。帝尧坐于神龛之内，头戴冕旒，身披黄袍，手托令牌，尽显威仪。四位大臣分别是四岳、后稷、羲和、皋陶，塑像手中所执器物依次为蓍草、嘉禾、璇衡、绳索，与传统造型一致。（见图 3-134—图 3-137）

寝宫内的尧帝束发戴冠，仪容中露出几分谦恭。尧母庆都与尧妻鹿仙女的塑像，均着华美凤冠，神态温婉平和。（见图 3-138—图 3-141）

图 **3-134**　平遥县
尧庙广运殿

图 **3-135**　广运殿尧帝像

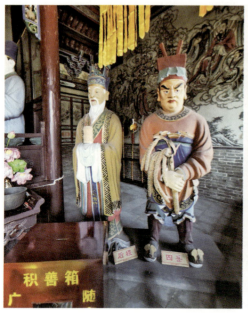 

图 3-136　广运殿四岳后稷像　　　　　图 3-137　广运殿羲和皋陶像

图 3-138　帝尧庙寝宫

图 3-142　庆都山唐尧大殿

图 3-143　庆都山寻根祭祖堂内部

图 3-144　唐尧大殿前的围棋广场

龙探水湖、尧母洞、古农具展、桃木展览馆等。（见图 3-147）

伊祁宫是唐尧文化园的主体建筑，因帝尧姓伊祁而得名。宫内供奉的帝尧端坐于祭台之上，高 3.6 米，梧桐木材质，刷金粉。帝尧束发戴冠、长髯逸动，面相肃然，衣袍褶皱自然有致，双手圆润舒展，置于两膝之上。此像由树木雕刻而成，工艺精良，具有较高的艺术审美价值。（见图 3-148）

在园内的土山祭坛上，有帝尧与四位大臣立像，均为汉白玉材质。帝尧像坐西向东，高 3.2 米，束发长髯，肃穆的神态中略带忧虑。四位大臣分别是羲和、四岳、后稷、皋陶，手持不同器物，表明各自的职责。（见图 3-149—图 3-151）

3. 望都县尧母陵遗址文化公园

尧母陵遗址文化公园原称尧母陵庙，位于望都县城内，是望都历史上最具特色的景观之一。这里据传是尧母庆都的葬地，古称尧母台。帝尧是由庆都诞育的，后世因祀帝尧推而祀其母，遂在尧母陵前建祠庙崇祀庆都。由于原来的尧母祠、尧母陵损毁严重，近两年，地方政府在尧母陵庙基础上，建成尧母陵遗址文化公园。园内现有尧母陵冢、尧母大殿、鸡鸣井、低头牌坊等景观。（见图 3-152—图 3-155）

图 3-145 庆都山顶的唐尧像

图 3-146 唐尧大殿帝尧像

图 3-147　顺
平县唐尧文化
园伊祁宫（刘
继台提供）

图 3-148　伊祁宫尧帝塑像（刘继台提供）

图 3-149　唐尧文化园尧帝塑像（刘继台提供）

图 3-150　唐尧文化园四岳羲和塑像
　　　　　（刘继台提供）

图 3-151　唐尧文化园后稷皋陶塑像
　　　　　（刘继台提供）

图 3-152　尧母陵冢

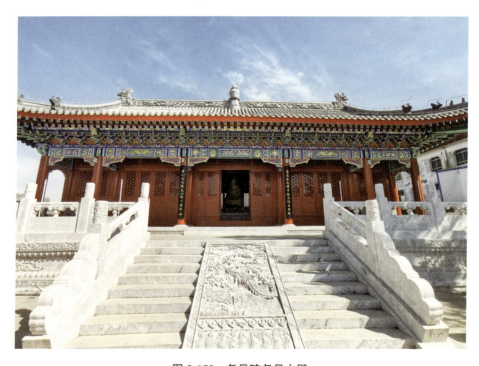

图 3-153　尧母陵尧母大殿

图 3-154　鸡鸣井

图 3-155　低头牌坊

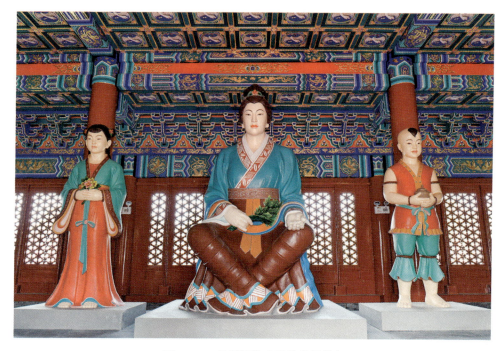

图 3-156　尧母塑像（于兰茹提供）

尧母大殿坐北朝南，面阔五间，殿内供奉尧母像，高 2.8 米，两边侍立童男童女，高度为 2.1 米，均为艺术混凝土材质，2019 年彩绘塑像完成。尧母端坐于承台之上，头顶盘发髻，簪小巧红花，眉目清秀，嘴角微微上扬，面部饱满圆润，神态庄重慈祥。身着普通服装，襟前饰树叶纹，腰带上饰波浪纹，显得朴素大方。塑像展示的是尧母中年时期的形象，最有特色的是尧母坐姿与手部动作。据地方文化工作者解释，尧母双足自然交叠，与劳动者闲暇时常见的坐姿一致，意在体现尧母和善质朴的亲民风范。其右手执一束艾草，作为祛疾疗病的药草，象征着尧母在当地所具有的医者身份。左手置于右膝，掌心向上，作自然伸开之状，有给予之意。[①]（见图 3-156）

4. 望都县帝尧文化广场

帝尧文化广场即帝尧庙，位于望都县城东关，是民众专门祭祀帝尧的场所。帝尧庙占地面积不大，只一进院落，主要景观是正殿和院落中的铜铁柏。

---

① 据 2021 年 4 月 13 日望都县访谈于兰茹。于兰茹，唐县人，望都县文联主席。

图 3-157　帝尧庙正殿

图 3-158　帝尧庙铜铁柏

（见图 3-157，图 3-158）

铜铁柏生长于正殿前，实为两株古柏。称之为铜铁柏，是因其顽强似铜铁般的生命力，也有说是因敲击古柏会发生铜铁的声音。然而，铜铁柏的独特之处更缘于它的外形。这两株柏树的枝杈生长奇特，一株上长着三个枝杈，另一株是五枝，三五的枝杈数与上古三皇五帝之称相合，这正如清代帝尧庙建筑图中所题"三皇一本、五帝同根"，寓意着帝尧在内的三皇五帝根脉相连，不可分割。

正殿面阔三间，坐北朝南，殿内塑帝尧与四位大臣。帝尧居中端坐于高台之上，泥塑彩绘，头戴帝王冠，面部清瘦，双目炯然，浓眉长髯。身穿交领礼服，着绿色宽袖深衣，搭配蓝色下裳，腰间以赤带系扎，带下有褐色蔽膝，襟袖上镶有三角形纹饰，整个服饰色彩鲜丽。帝尧神情庄重，左手置于膝上，右臂前屈，食指向上伸出，似乎表明帝尧的筹谋思虑。（见图 3-159）在殿内两侧，有四位大臣的彩绘立像，四岳持举笏板，皋陶手握法绳，羲和托太阳圆盘，后稷怀抱谷穗。（见图 3-160，图 3-161）

图 3-159　正殿帝尧塑像（丁兰茹提供）

图 3-160　正殿四岳皋陶像　　　　　　　　　图 3-161　正殿后稷羲和像

（五）山东庙宇景观

1. 菏泽市牡丹区尧陵

菏泽市牡丹区尧陵位于胡集镇尧王寺村，是一座掩埋地下的尧陵，21 世纪初在汉代成阳遗址的基础上被发现和重建。围绕此尧陵，地方政府建设帝尧陵景区。景区占地面积大，容纳了许多帝尧文化景观，自南至北的中轴线上，依次是尧天舜日牌坊、濮水桥、尧鼎、帝尧立像、祭祀广场、帝尧庙、尧冢，两边则竖立着汉成阳五碑、石刻文献、祭尧碑文、纪事巨石雕刻等。（见图 3-162，图 3-163）

帝尧庙是陵区的主体建筑。大殿为双檐歇山顶，面宽七间，坐北朝南。内塑

图 3-162　尧陵尧天舜日牌坊

图 3-163　牡丹区尧陵尧冢

尧舜禹三坐像，帝尧居中。帝尧端坐高台之上，通体刷金粉，束发戴冠，长须，黑色眼眸泛着神采，面部神情严肃庄重。身披黄袍，腰系阔带，带上饰龙图案，两手置于膝上。帝尧像前的地面两侧，摆放着一副红底金字对联，上书"尧王明理依止行，护佑万代华夏兴"。（见图 3-164，图 3-165）

图 3-164　尧陵帝尧庙

图 3-165　帝尧庙帝尧像

图 3-166　帝尧庙帝尧小像

　　值得注意的是，在大殿内东侧的长条几上，亦不规则地摆放着十几个小型神像，有尧王、尧妃、泰山奶奶、观音菩萨、如来佛、关公等。在诸神的中间位置，是一尊尧王坐像及尧妃中山夫人的牌位。尧王坐像不大，高三四十公分，冕旒华服，黑色眉眼，朱唇，五绺长须，手持令牌。紧邻其侧立着一木牌，上书"尧王钟山夫人"（应为"中山夫人"），牌位后架起一凤冠。中山夫人是菏泽一带民众认可的帝尧妃子，地位显贵。这些神像前也设置有香案、拜垫，以供人们祭拜。（见图 3-166）

　　在祭祀广场的高台之上，矗立着一尊帝尧立像。像高 6 米，花岗岩制，塑于 2015 年。帝尧长袍宽袖，神态发饰同尧庙大殿的塑像。右臂自然弯曲，左手背于腰后，腰间佩有一剑。（见图 3-167）

　　2. 鄄城县尧陵

　　此尧陵位于鄄城县西南的富春乡谷林，曾是清乾隆以来的国祭帝尧地，现为山东省文物保护单位。目前墓冢封土高 6.5 米，直径 30 米，周边砌以矮砖。墓

图 3-167　祭祀广场帝尧立像

前立清光绪二十九年（1903）知州缪润绂书"帝尧陶唐氏墓"碑，紧邻其西侧是元至元十四年（1277）濮州尹徐世雄所立的"帝尧墓"碑。尧陵神道东侧有一碑亭，所立为明嘉靖二十四年（1545）知州薛孟的祭尧文碑，碑文清晰可辨。（见图 3-168，图 3-169）

陵区入口处所立的青石质牌坊，亦是尧陵重要的历史景观。此牌坊修建于清乾隆四年（1739），曾一度掩埋于地下，后经发掘，2019 年修复重现于原址。牌坊高 5.75 米，宽 8.45 米，四柱三间形制，坊柱长方形抹角，柱头顶端蹲神兽，俗称望天吼。正间坊额上题"榖林云日"四字，意为歌颂帝尧的仁德，落款"乾隆四年蒲月谷旦立"。整个牌坊用料沉稳厚实，造型朴拙刚正，极具雄浑庄重之气。（见图 3-170）

目前尧陵园区内有前后两处尧王大殿，均为 21 世纪初修建，隶属不同民间团体。前面的称谷林寺尧王大殿，格局规整，面阔三间，殿内塑尧王像。（见图 3-171）后面的尧王大殿稍显简陋，为尧陵毗邻村庄民众集资，建于 2001 年。后尧王大殿内置帝尧坐像及小型佛像。帝尧像居中，泥塑，头戴冕旒，身披黄龙

图 3-168　鄄城县尧陵墓前碑

图 3-169　明嘉靖二十四年（1545）祭尧文碑

图 3-170　清乾隆四年（1739）尧陵牌坊

图 3-171　前尧王大殿

图 3-172　后尧王大殿

图 3-173　后尧王大殿帝尧像

袍，手持令箭，塑像后悬挂一幅帝尧像原图。两处大殿从布置到塑像的制作，均体现出民间崇祀帝尧神灵的特点。（见图 3-172，图 3-173）

（六）河南庙宇景观

1. 沁阳县尧圣庙

尧圣庙位于沁阳县西向镇捏掌村，又名尧王庙，是河南省现存唯一祭祀帝尧的庙宇。此庙自宋代以来多次重修，现为河南省文物保护单位。尧圣庙坐北朝南，前有尧泉池，庙内现存拜殿、尧圣殿、三义殿等。

尧圣殿是主殿，处于青石台基之上，单檐悬山顶，面阔三间，整体构架与墙体为明代风格。大殿内陈设简单，墙体和地砖古旧，未进行现代改造。其间的塑像也保持着 20 世纪 90 年代的原貌，从人物设置到造型、动作，均体现出醇厚而独特的意蕴，是研究帝尧神话图像历史与信仰传统的珍贵实物资料。（见图 3-174）

大殿内共七尊泥塑神像。居中的帝尧端坐于神台之上，头戴冕旒，身披黄袍，双手托举一令牌，显出帝王号令天下的政治权威。除了帝尧持令牌的动作

图 3-174　尧圣庙尧圣殿（程峰提供）

图 3-175　尧圣殿帝尧塑像（任二兴提供）　　　　图 3-176　恩姑塑像（任二兴提供）

造型，令牌上的图案也值得关注，上面绘有北斗七星图，用以象征帝尧能够发号施令，拥有生杀大权。① 在帝尧像东西两侧的神台之下，分列龙王坐像与恩姑坐像。龙王像与祈雨相关，恩姑像演述着恩姑救尧帝的神话故事。（见图 3-175，图 3-176）另有四位神像立于帝尧像神台前，当地称为四大金刚或四大宰相。他们皆戴着远游冠，身披红色或蓝色丝袍，具体名姓不知。每位手中所执物件不一，有的手执官印，有的手握书卷，有的手持都察令牌，有的持出巡令牌，由此可以说明他们的不同神职。（见图 3-177，图 3-178）

　　尧圣庙南有一露天池泉，称为尧泉池。池体以青砖砌成方形，地面四周围以

---

① 据 2021 年 9 月 19 日电话访谈任二兴。任二兴，河南沁阳县捏掌村人，尧圣庙管理员。

图 3-177　东侧宰相塑像（任二兴提供）

图 3-178　西侧宰相塑像（任二兴提供）

图 3-179　尧泉池（任二兴提供）

石雕栏杆。关于尧泉水的来历，有二说，一是传说由帝尧开掘出来的，二是据金代大定五年（1165）《创修泉池之记》碑文，泉水出于尧圣殿下面。不管尧泉水从何而来，它都是通过尧泉池的暗道流向尧河之中。尧河是当地宝贵的水利资源，不仅灌溉农田，又用于手工造纸业，对地方发展非常重要。（见图 3-179）

2. 鲁山县刘姓始祖苑

刘姓始祖苑位于鲁山县昭平湖东北隅的招兵台山上，主要是民众祭拜刘累与刘氏宗亲的祭祖之地。现有始祖殿、刘累墓、碑林、御龙广场、刘氏会馆等景观。（见图 3-180，图 3-181）

刘累墓周长 66 米，长满蜡梅树，墓前新树墓碑一块，高 5 米，碑文出自原河南省副省长刘源之手，上书"刘姓始祖刘累公之墓"。（见图 3-182）

始祖殿是始祖苑的主体建筑，重檐歇山顶，面阔五间，建成于 2004 年。殿内正中供奉帝尧的后裔刘累，壁画表现的是刘累功德及龙文化主题。刘累坐像居于高台之上，高 2.1 米，紫铜材质。刘累束发戴冠，长须，身披长袍，目视前方。左手扶膝，右手揽一龙于体侧。龙的角似鹿，颈似蛇，张口露齿，爪尖锋利，呈卧姿，依偎在刘累身旁，显出被驯服之态。（见图 3-183）

图 3-180　刘姓始祖苑始祖殿（王宝郑提供）

图 3-181　刘姓始祖苑内的碑林

图 3-182　刘累墓（王宝郑提供）

图 3-183　始祖殿刘累像（张文谦提供）

（七）陕西蒲城县尧山圣母庙

尧山圣母庙位于蒲城县北部的尧山上，是一个祠庙建筑群，主要供奉的是圣母女神。帝尧之女是圣母形象的主要来源。这个建筑群包括大大小小 17 座庙宇，有圣母大殿、龙王庙、地母庙、三圣庙、送子娘娘庙、白马将军庙等。

圣母庙的中心是圣母大殿。大殿坐北朝南，面阔五间，楹联书写"山号曰尧与放勋同归不朽，母称为圣偕大化共善长春"，肯定圣母的功德。殿内正中供圣母像，像高 2.6 米，泥塑贴金，2011 年安放。圣母坐于神龛之内，凤冠霞帔、腰系玉带，眉目端庄秀美，左臂弯曲置于胸前，手掌平伸，掌心向上。左右侍立仙童玉女，仙童捧宝印，玉女捧天书。神龛周围立"肃静""回避"牌及金瓜、钺斧等出行仪仗用具，后面还摆放着圣母所用床帐妆镜等。（见图 3-184—图 3-186）

图 3-184　蒲城县尧山圣母大殿

图 3-185　尧山圣母像

图 3-186　大殿内的床帐

（八）湖南攸县尧帝宫

尧帝宫位于攸县北部的皇图岭镇，21世纪初兴建，是一座尊奉帝尧祖先的庙宇。尧帝宫主要由山门和大殿组成，现为株洲市文物保护单位。

山门为三间形制，中门纵向排列三块匾额，分别是"尧天舜日""尧帝宫""中华门"，两侧嵌楹联，草书"春秋杨柳万千条，六亿神州尽舜尧"的诗句。左右山门亦有题联。（见图 3-187）

大殿面阔七间，重檐歇山顶，为两层建筑。主梁柱共56根，寓意我国的56个民族。内塑尧舜禹三位古帝，高大威严。帝尧像居中，高4.3米以上，意为帝尧诞生已4300多年。帝尧端坐于高台之上，头戴冕旒，身着黄袍，双手交叉于胸前。面部皮肤黝暗，浓眉朱唇，五绺长须，神态肃穆庄重。（见图 3-188，图 3-189）

图 3-187　攸县尧帝宫山门（刘俊男提供）

图 3-188　尧帝宫大殿（刘俊男提供）

图 3-189　尧帝宫帝尧
塑像（黄开冬提供）

（九）北京历代帝王庙

历代帝王庙是明清两代皇帝祭祀先祖的地方，现为全国重点文物保护单位。此庙由朱元璋在南京创建，奉祀三皇五帝和历代开国帝王。庙中主祀人物均有塑像，三皇居中，五帝和历代帝王分置左右，帝尧位列主祀的五帝之中。到明嘉靖时，按照南京帝王庙样式，在北京兴建历代帝王庙，所祭祀人物沿袭南京旧制，但只设牌位不塑像。此后，北京历代帝王庙逐渐取代南京帝王庙，成为全国唯一祭祀历代帝王的场所，后来的皇帝也会亲自到帝王庙大殿躬祭历代帝王。

此庙主殿是景德崇圣殿，寓意"景仰德政，崇尚圣贤"，正中悬挂着乾隆皇帝手书的"报功观德"匾额和御联。殿内设七龛，正中龛三皇，为伏羲、黄帝、炎帝，左一龛五帝，帝尧列于其中。帝尧牌位上写着"帝尧陶唐氏神位"七字，朱地金书，以显示尊贵。（见图 3-190，图 3-191）

图 3-190　历代帝王庙
景德崇圣殿 ①

图 3-191　景德崇圣
殿内的五帝王牌位

① 《祭三皇五帝……：北京历代帝王庙》，外文出版社 2006 年版，第 50 页。

四、现代创作图像

在当今图像快速发展的时代，帝尧神话图像也得到充分地展现，创造出许许多多具有艺术性、时代性、地域性的作品。比如庙宇或其他文化空间出现的浮雕、壁画等，这些现代图像描绘着帝尧神话故事，携带着传统文化中崇德向善的精神，并以一种视觉美感走入了更多民众的视野。特别是当代画家笔下的帝尧神话形象，艺术创造力极强，风格千姿百态，可称得上现代帝尧神话图像的最灵动之作。

（一）现代帝尧神话绘画

绘画是现代帝尧神话图像的重要构成。在当代画家的笔下，帝尧神话人物经常处于一种故事情景之中，人物的神态、动作仿佛都能有效地言说，即使是帝尧的肖像画，也给人感觉真实鲜活，其中一些画作还进行了常人化、地域化的处理。这些人物画形神兼备，有故事性和艺术的表现力，不仅展示出浓郁厚重的帝尧文化，也传达了积极向上的时代精神，毫不夸张地说，这些画作开创了帝尧绘画史的新纪元。

为了尽可能展示现代帝尧神话绘画的特色，笔者按图索骥，联系或访谈了相关画家。现对代表性画作逐一分析。

1. 卢延光针笔线描帝尧图

卢延光，1948 年生，笔名卢禺光，广东省开平县人，著名画家，现为广州市政协书画院副院长，曾被评为"中国连环画建国以来十大家之一"。卢延光创作的帝尧人物画，是他笔下的一百位帝王图之一，完成于 20 世纪 80 年代，后收入《中国一百位帝王图》一书。此书自出版以来，不断重版印刷，对帝尧人物的绘画艺术产生深刻的影响。在这一百位古帝图中，帝尧图排于炎帝、黄帝图之后，是第三幅画作。（见图 3-192）

卢延光绘制的帝尧图，想象丰采，儒雅大气，精工巧妙，意蕴独特。画作以帝尧弈棋活动为主线，描绘了帝尧的衣饰、神态动作、器物环境，展示出帝尧仁德、谦虚、质朴的精神个性和高尚品质。画中帝尧身材颀长，面容清癯，神色凝重，若有所思。披发长髯，双耳挂圆环，胸前佩戴着兽骨、贝壳等连缀而成的挂饰，极其古朴。帝尧长袍造型尤引人注目，一袭长袍在黑色线纹的勾勒作用下，

图 3-192　针笔线描帝尧图（朱光荣提供）

仿佛被风鼓动吹起，显出帝尧形象的飘逸自如。在袍衣的肩部，有一大两小的圆形图案，其用意既可类比后世帝王礼服中的日月章纹，也可表彰帝尧历象日月、制定历法的功绩。[①] 帝尧的面前有一个围棋盘，帝尧正在用他颀长骨感的手指摆放棋子，继续着对弈的过程。同时，帝尧身后立起两杆修竹，棋盘边的草丛中还可见一个大陶罐，这些物象与帝尧的性情和功业有关，也让我们自然联想到帝尧制陶，以及他时时为百姓着想，将帝位传贤而不传子的崇高品节。

　　从绘画技法来说，卢延光改变了传统毛笔的线描人物，首次使用现代的针笔

①　据 2021 年 6 月 15 日电话访谈朱光荣。朱光荣，广州市人，广州市政协书画院秘书长。

进行绘画，由此开创了现代岭南针笔画派。虽然针笔走线细腻如丝，但转使难度较大，不似毛笔顿挫自如，但卢延光用针笔吐出的线条，却"产生出一种流畅、挺拔、利落的美感"。[①] 他的帝尧图也具有这一优点，比如帝尧服饰、陶罐、棋盘的线条均游动圆润，黑白灰色块疏密有致、对比鲜明。卢延光不仅创新绘画工具，而且突破了传统人物画的写实风格，对帝尧人物形象局部进行夸张变形，如上面提到的衣袍、手指等设计，这也使帝尧图呈现出强烈的现代视觉美感。

2. 杨苇线描帝尧图

杨苇，1971 年生，山西省侯马市人，著名画家，自由职业者。自 20 世纪 80 年代开始创作连环画，16 岁出版作品，被誉为"神童画家"。90 年代末转向传统人物画，所绘历史人物多与晋文化有关。

杨苇的帝尧神话图像有两种，一是绘制帝尧的传统线描画。画作收入陈静强编写的《三晋一百名人图》中[②]。杨苇依据书中梳理的山西百余位历史名人史迹，逐一作画，包括绘制帝尧人物图。（见图 3-193）《三晋一百名人图》一书出版以来，在地方社会引起较大反响，帝尧人物图随之传播开来。二是创作大型浮雕图，再现帝尧的历史功绩。在临汾市汾河公园九州广场内，有两面巨幅浮雕，浮雕图像就是由杨苇绘制设计的。图像的内容吸收了帝尧神话因素，分析详见后文。

在杨苇的帝尧线描画中，帝尧微微侧身，拱手站立，头戴帝王冠，颈部腰部佩戴蚌壳挂饰，宽袍大袖，长裙曳地，显出谦恭儒雅气质。面部描绘很有特色，帝尧上额宽广方正，鼻梁高挺，在额头和浓密的眉间，长出道道深邃的皱纹，眼神中透着忧思，颔下蓄有长须，这些细节无不生动地展现出一位治政者的忧国奉公和仁德爱民。画中还设计了陶罐和蟾蜍两个物象。陶罐居前，置于地上，说明帝尧制陶或陶器时代。蟾蜍位于画面右上的一个圆圈内，圆腹四足。在中国传统文化中，蟾蜍寓意多元，象征着财富、长寿、生育。此处的蟾蜍，应是氏族的一种图腾崇拜物，指代帝尧氏族拥有的强大生命力。整幅画线条疏密有致，静中蕴动，细部绘图纤腻，人物造型与情景物象融合较好，烘托了帝尧仁政主题。

3. 高国宪帝尧事迹插图

高国宪，1938 年生，已故，山西省尧都区人，山西省著名书画家，曾任临

---

① 卢禹光绘画、吴绿星编文：《中国一百神仙图》，苏森陶序，新世纪出版社 1990 年版，第 4 页。

② 杨苇绘画、陈静强编文：《三晋一百名人图》，山西人民出版社 2002 年版，第 7 页。

图 3-193　线描帝尧图（陈静强提供）

汾市尧都区政协副主席。他自号"侍尧叟"，自 20 世纪末，就积极参与临汾尧文化研究与开发，尤其对帝尧图像的设计与绘制倾注了大量心血，体现出强烈的乡土情结和职业担当。

从帝尧神话图像层面看，高国宪的贡献主要有两方面：一是参与临汾地方庙宇中的帝尧图像景观建设，亲自设计和指导帝尧塑像制作，如尧庙的帝尧先祖铜像、尧帝古居的帝尧塑像。二是创作帝尧故事插图，可见于他编著的《尧都寻根：尧舜禹君臣后裔姓氏探览》一书。此书 1999 年印行，2003 年修改扩充后再次刊印，高国宪为两个版本绘制了不同的帝尧事迹插图。

现选取书中的四幅图，主题分别是帝尧微服访贤、帝尧访贤、四岳祭天和后稷祈丰。这些插图取材于临汾的帝尧神话故事，画面内容丰富，人物和景物气韵生动，线条古拙有力，故事表现力很强。如帝尧访贤图，表现的是帝尧骑马来到临汾城西姑射山上，寻访隐居此地的贤人，以求天下大治；而图中右上是高士隐居山林之景，在山松、小屋的映衬下，这位高士正与帝尧互行拱手礼，至于他们的会面如何，就留待读者去想象了。整个画作构图巧妙，意境深远，引人遐思。（见图 3-194—图 3-197）

图 3-194　帝尧微服访贤插图（高卓然提供）①

———————

① 高国宪编：《尧都寻根：尧舜禹君臣后裔姓氏探览》，临汾市政协 1999 年印，第 6 页。

图 3-195　帝尧访贤插图
（高卓然提供）①

图 3-196　四岳祭天插图（高卓然提供）②

图 3-197　后稷祈丰插图（高卓然提供）③

---

①　高国宪、李晋齐编：《尧都寻根：尧舜禹君臣后裔姓氏探览》，尧都根祖文化研究会 2003 年印，第 11 页。

②　高国宪编：《尧都寻根：尧舜禹君臣后裔姓氏探览》，临汾市政协 1999 年印，第 91 页。

③　同上书，第 73 页。

图 3-198 尧母行医图
水墨画（于兰茹提供）

4. 谷中良尧母水墨画

谷中良，1944年生，山东省威海市人，著名中国画画家，河北大学艺术学院教授，擅长水墨人物画。他的《尧母行医图》是一幅水墨人物画，现藏于河北望都辣椒文化博物馆。（见图3-198）

这幅图叙述的是尧母庆都到九龙河边汲水，以中草药治病救人之事。图中的尧母站在九龙河边，赤脚，低头俯看潺潺的河水，神态安然娴静。头顶簪花，发髻低挽，身穿交领浅色深衣，腰系兽皮带，佩兽骨挂饰，显得古朴端庄。右手挎着草药篮，内装各种药材，左手拎一个双耳汲水罐，底部尖形，便于倾斜取水。再看尧母的手和脚，并非纤细小巧，而是宽厚阔大、骨节粗壮，说明尧母凡事身体力行，具有吃苦耐劳的优秀品质。

图 3-199　钢笔
线描帝尧图
（张登云提供）

从艺术技巧来说，此图运用丰富的想象和精巧的构思，刻画了一个生动丰满的尧母形象。图中既有尧母形体神态的外在描述，又揭示出尧母勤劳善良的内在品质；既体现尧母潇洒灵动的古风，又勾勒清新自然的山水草木，整个画面动静结合、意境深远，人物与背景富有层次。在审美方面，画作线条流畅，笔墨劲健，色彩淡雅明快，极具艺术价值。

5. 张登云钢笔线描帝尧图

张登云，1962 年生，山西省绛县人，山西省著名画家，现为运城市绛县文化馆党委书记。他的帝尧图像创作与地方非遗工作相关。在绛县打造尧王故里、申报"尧的传说"国家非遗中，他设计帝尧宣传画，为书籍绘制帝尧神话插图，是当地帝尧文化建设的重要力量。在长期的艺术熏陶和工作实践中，张登云驾轻就熟，用钢笔细致描绘出帝尧的形象。（见图 3-199）

此图有两个特点，一是塑造平民化的帝尧。画作以大山为背景，描绘了一个从大山中向我们徐徐走来的平民帝尧形象。画中的帝尧手持藜杖，身穿麻衣，腰带上系着兽骨环，行走在山野之间。这种形象不再强调帝王身份，而是将帝尧回归普通人身份，回到一种现实场景中，以此表现帝尧的朴素与亲民。必须承认，这种造型设计是有新意的，同时不能忽略的是，帝尧形象借鉴了卢延光帝尧人物画，在帝尧的面相、发型、配饰上，与卢画有很多相似之处。当然，此画中的帝尧亦别有神韵。仔细观察，画中的帝尧饱经风霜，额头和眉间增添皱纹，须发蓬松，面容充满忧虑，显示出一种沧桑之感。

二是呈现浓郁的地域色彩。绛县流传帝尧生于尧寓村三岭的神话故事。画中的大山就对应着尧寓村的三座山岭，即东尧岭、中尧岭、西尧岭，空中的飞鸟也是岭上常见的灰鹊，这种以地方风物为场景的设置，是地方文化的展现，也增强了画作的真实感。另有华表柱和陶罐，是帝尧神话中的常见器物，用以彰显帝尧的功绩。总体上说，此图的线条刚健朴拙，笔意苍劲，人物造型生动别致，具有较强的地域文化价值。

6. 刘然漫画帝尧图

刘然，1963 年生，山西省吉县人，著名漫画家，自由职业者。他的职业创作始于 20 世纪 90 年代，曾被评为"全国十大动漫人物"。

刘然绘制的第一本帝尧故事漫画书是《尧舜禹故事·尧的故事》，由梁毅民主编，绘于 1999 年，这也是我国第一部帝尧故事动漫专书。全书围绕十三个帝尧神话主题创作漫画，每个主题绘制几十幅不等的卡通动漫，致使书中动漫总量达到 463 幅。由于这些漫画人物造型新颖夸张，画风轻松幽默，明白易懂，因而此书初入市场就受到热捧，被冠以"尧都动漫第一书"。随着漫画技艺日臻成熟，刘然笔下的帝尧形象也发生变化。他的新漫画收入《画说临汾》一书，此书有两个版本，一是 2012 年临汾市政协刊印，二是经修订扩充，于 2020 年由三晋出版社出版，这两个版本中的帝尧图像并不相同。也就是说，如果从 1999 年的漫画算起，刘然共绘制了三种类型的帝尧漫画。

第一种类型的帝尧漫画选取三幅，主题分别是鹿仙女传送火种、帝尧定历法、帝尧观击壤。鹿仙女传送火种漫画表现的是鹿仙女造福于民的神迹。在山西帝尧神话中，鹿仙女是帝尧之妻，原本生活在临汾仙洞沟，经常为人们传送火种。画中的鹿仙女手持火种，腾驾云彩，飘然于南北仙洞之间，整个画作线条流畅，疏密有致，空间感十足。需要注意的是，漫画中的鹿仙女形象与传统绘画人物不同，她的五官、发饰、神情、体态、全身比例，都经过艺术夸张和变形，俨然一位现代美少女，散发着满满的时尚气息。（见图 3-200）另外两幅漫画也很典型，帝尧定历法融入幽默元素，帝尧和众人物的造型夸张而各异；帝尧观击壤以临汾尧都区康庄村为背景，表现了帝尧察访时看到一位老人击壤而歌的故事，画面内容丰富，人物表情生动，栩栩如生。（见图 3-201，图 3-202）

第二种类型的帝尧漫画与第一种相比，人物总体上要丰满一些，表情动作也更夸张。帝尧的形象虽沿用第一种，皆头戴细长高冠，穿着长袍，狭长脸，高

图 3-200　鹿仙女传送火种漫画

图 3-201　帝尧定历法漫画

图 3-202　帝尧观击壤漫画 ①

鼻子，细长髯，但在某些细节和整体表达上却更有韵味。如帝尧凿井漫画中的帝尧，两眼圆睁，高鼻阔嘴，看似丑怪却充满灵气，颇具动感。（见图 3-203）

　　在第三种类型的漫画中，帝尧形象有较大变动，人物简洁大方，线条自然流畅。如帝尧观围棋漫画，画中的帝尧面部圆润，须眉交白，眼睛弯成曲线，显出谦恭亲和之态。（见图 3-204）

---

　　①　梁毅民主编：《尧舜禹故事·尧的故事》，1999 年印，第 14、28、91 页。

图 3-203 帝尧凿井漫画（刘然提供）①

图 3-204 帝尧观围棋漫画
　　（刘然提供）②

7. 赵国宏尧母连环画

赵国宏，1969 年生，河北省望都县人，乡土画家，现为望都县作协主席。他创作的帝尧神话图像以尧母庆都为主，代表作是帝尧母子画和《尧母的故事》连环画。

---

① 李相民主编：《画说临汾》，临汾市政协 2012 年印，第 143 页。
② 毋世朝主编：《画说临汾》，三晋出版社 2020 年版，第 209 页。

尧母慶都像

图 3-205　帝尧母子画（赵国宏提供）

　　帝尧母子画实际上是一幅尧母的肖像画，画中的帝尧只是辅助形象。此画像曾作为望都县地方社会祭尧母时的拜谒对象，受到尊崇。画中的尧母恬静端坐，一手置膝上，一手揽在幼年帝尧的肩上，深情地望着站立一旁的帝尧，母子二人温情对视，仿佛在诉说尧母对儿子的教育和无尽的关爱。（见图 3-205）

　　《尧母的故事》是赵国宏用两年时间创作完成的连环画，2013 年刊印后，在地方社会影响很大。这本连环画依据地方文献和神话故事编写，讲述了尧母在望都县的诸多事迹，也包括教育帝尧成才的内容。现展示的是其中的四幅图，有庆都招亲、帝喾出征、庆都教子、庆都学医。（见图 3-206—图 3-209）以庆都学医图为例，画面讲述的是尧母庆都采得一筐草药，向老人请教医术的故事。画中尧

图 3-206　庆都招亲图（赵国宏提供）

图 3-207　帝喾出征图（赵国宏提供）

图 3-208　庆都教子图（赵国宏提供）

图 3-209　庆都学医图（赵国宏提供）①

---

①　赵国宏编绘：《尧母的故事》，望都县文联 2020 年印，第 26、34、39、60 页。

母手举艾草坐在青石上，对面坐着腰挂葫芦的老医者，一旁站立的是青年时期的帝尧。总体来说，这些画作构图精当，线条流畅，色彩鲜丽，既有艺术审美性，又兼顾大众的阅读感受。

（二）浮雕图像

1. 山西临汾市九州广场浮雕图

临汾市九州广场位于城区汾河岸畔，是为纪念帝尧在临汾划定九州而建，属于临汾汾河景区内的一处文化景观。在九州广场的中心，矗立着"尧天舜日"牌坊，高大伟岸。牌坊两侧各有一面巨幅浮雕，展示出帝尧的丰功伟绩，气势磅礴，制作精良，有强烈的艺术震撼力。（图3-210，图3-211）

浮雕的内容涵盖十多个神话主题，有尧治历法、尧治水患、立诽谤木、尧创围棋、击壤而歌、和酿祈福、画地为牢、尧王访贤、尧舜禅让等，其中不乏表现临汾地方特色的帝尧神话。比如和酿祈福浮雕，讲述帝尧站在满溢的酒缸前，一手举爵，一手举五谷，向天神祈福的故事。画地为牢浮雕，描绘的是让犯错者立于圈中以示惩罚的场面，表现了帝尧时代淳朴的法治手段，也是帝尧修明法度以治世的一个缩影。这些浮雕整体造型优美，局部刻画细腻，人物传神，艺术价值

图3-210　九州广场尧天舜日牌坊及浮雕

图 3-211　九州广场浮雕局部

较高。（见图 3-212—图 3-217）

2. 山西浮山县尧山浮雕

在浮山县城东的尧山顶上，有一个 2004 年修建的帝尧台，浮雕图就是绘刻于帝尧台东边墙体上的一处景观。尧山浮雕图共九幅，是讲述帝尧神话事迹的系列图像，集中表现出帝尧的政绩和功德。这九幅图分别是梦龙生尧、尧王平妖、敬授民时、协和万邦、定都平阳、勤政恤民、神山治水、礼贤禅让、尧天舜日。（见图 3-218—图 3-220）

以尧王平妖浮雕图为例。尧王平妖是当地妇孺皆知的神话，主要讲述尧王治水时，斩除水中的黑风怪，为民除害的故事。据说尧王当年的脚印和斩妖的剑印还存留在尧山沟里。这则地方色彩较强的神话，在尧王平妖图中得到精彩展示。此图将神话中的黑风怪具象为水中恶龙，只见帝尧手持一把利剑，刺向正兴风作浪的恶龙，所绘制的帝尧一剑斩恶龙画面，生动演绎出帝尧的勇武和恶龙的畏惧情态，给人以较强的视觉冲击。

图 3-212　尧治历法浮雕

图 3-213　尧治水患浮雕

图 3-214　击壤而歌浮雕

图 3-215　和酿祈福浮雕

图 3-216　画地为牢浮雕

图 3-217　尧舜禅让浮雕

图 3-218　尧山尧王平妖浮雕

图 3-219　定都平阳浮雕

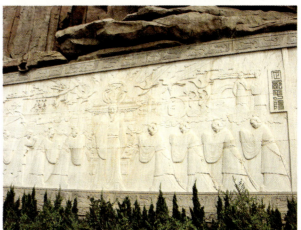

图 3-220　神山治水浮雕

（三）壁画图像

1. 山西临汾尧都区尧庙石刻壁画

尧庙石刻壁画，是线刻在尧典壁上的一组壁画，位于尧都区尧庙东侧墙上。尧典壁作为尧庙内的碑廊景观，建成于 2002 年，高 3.3 米，总长 300 米，镶嵌石碑 380 块。石碑上镌刻历代多种典籍中的帝尧论述，同时绘刻与《尚书·尧典》内容对应的帝尧神话图像，是国内第一座大规模雕刻帝尧历史文献与壁画的纪念壁。（见图 3-221）

此石刻壁画采用复刻古图的形式，将清光绪《钦定书经图说》之《尧典》部分的帝尧神话插图一一刻于石上。比如命官授时壁画，表现的是帝尧命羲氏与和氏制定历法的故事。又如帝女观刑壁画，故事与帝尧考察舜有关，讲的是帝尧命女儿娥皇和女英嫁给舜，借以观察他与自己女儿相处中的德行表现。（见图 3-222，图 3-223）这些壁画主题凝练，线条流畅，笔致工整，对于直观理解帝尧神话、传播圣贤思想不无裨益。

2. 河北唐县庆都山唐尧大殿壁画

在唐县庆都山唐尧大殿内墙上，绘制着帝尧神话的系列壁画。壁画共 16 幅，每幅表现一个神话主题，分别是出生唐地、受封唐侯、称帝建都、敬授民时、沃

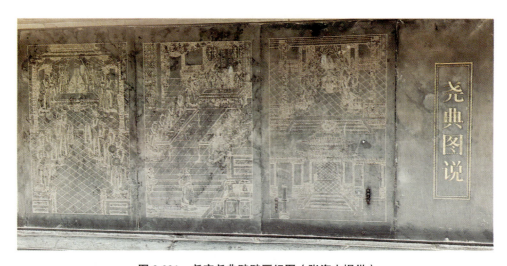

图 3-221　尧庙尧典壁壁画组图（张海杰提供）

图 3-222　命官授时壁画（张海杰提供）　　　　图 3-223　帝女观刑壁画（张海杰提供）

野耕田、叠石望母、庆贺丰收、抗旱找水、抗洪治水、发展集市、推行养老、造棋教子、寻访贤士、协和万邦、德化四方、禅让帝位。这些主题相互联系，前后承续，共同讲述了帝尧从出生直至政治巅峰的人生历程。

从表现内容看，壁画的内涵丰富，题材多样，主要包括四个方面，一是帝尧从政经历，如受封唐侯、访贤禅让等。二是在农业生产上，如敬授民时、沃野耕田、抗旱找水等。三是帝尧家庭生活，如出生唐地、叠石望母、造棋教子等。四是商业与文化发展，如发展集市、推行养老等。其中，沃野耕田、叠石望母、发展集市、推行养老等壁画内容独特，所讲述的帝尧耕田、望母、办集市、老人奉养等情节，在帝尧神话叙事中比较少见，值得进一步关注。（见图 3-224—图 3-227）

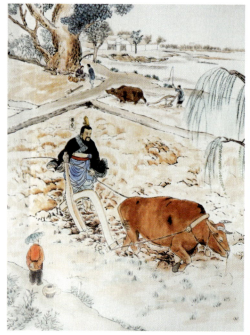

图 3-224　沃野耕田壁画

图 3-225　叠石望母壁画

图 3-226　发展集市壁画

图 3-227　推行养老壁画

图 3-228　出生唐地壁画

在艺术技巧上，这些壁画构图考究，色彩艳丽，人物和场景安排错落有致，层次分明。如"出生唐地"壁画表现了庆都诞育唐尧的故事。画中庆都怀抱幼小的唐尧，坐在一间简陋茅草屋内，门外的帝喾正扭头向屋内张望，数位乡民也前来道贺。院中空地上堆着麦垛，旁边有几只小鸡和一头黄牛，属于寻常的乡村庭院之景。放眼远方，则是庆都山和山下流淌的古苏水，呈现了原始的自然生态环境。整个壁画从人物情态动作，到场景配置，生动地展示出帝尧出生时的天时、地利、人和，画面意境优美，情节真实可感。同时，画作中标明的地理山川，强化了唐县神话中的唐尧出生地，反映出壁画参与建构地方文化的能力。（见图 3-228）

又如"敬授民时"壁画，在神态和色彩上有突出的表现。此画描述的是唐尧

图3-229　敬授民时壁画

与羲仲、羲叔、和仲、和叔四臣子会集朝堂、制定历法的场景。画中人物的情态生动，唐尧凭几，四臣面对唐尧席地而坐。唐尧正与斜向的和叔询问，他面色凝重，挥动手势，紧邻的和仲上身后仰，让出二人的对谈空间。唐尧对面的羲仲屏息恭听，羲叔则捋须沉思。此画通过各人不同的神态动作，将历法制定之艰难与谨慎衬托出来。同时，画作色彩纷呈，人物服饰颜色各异，唐尧的服饰以玄黑与赤色为主，对比鲜明，画面质感强烈。（见图3-229）

结　语

　　帝尧创世神话图像伴随帝尧神话的叙事而产生，是在帝尧神话叙事中生成的一种图像景观。通常情况下，帝尧神话叙事包含语言文本层面、仪式行为层面、图像景观层面。语言文本层面是记述帝尧神话及其事迹的文本，包括典籍文献、地方文献。仪式行为层面是由帝尧信仰形成的实践方式，包括祭祀仪式、庙会节庆等。图像景观层面是演述神话的具体物象，包括实物图像、仪式庙会图像等。

　　就帝尧神话图像景观而言，它与其他两个层面是有联系互动的。先看图像与语言文本，二者参照交融、协作共生。正如美国图像学家米歇尔所说，图像与语词是两种不同语言，它们之间保持着一个漫长的交流与接触的关系。① 图像会依托神话文本产生相应的意义，同时又在传播文本过程中主动演述，甚至生产出新的神话。再看图像与仪式行为，二者亦相互作用、不断融合。图像为仪式行为提供表达信仰的媒介，同时又在祭祀等仪式展演中生成新的图像景观。因此可以说，图像景观、语言文本、仪式行为这三者互为依存，交流发展。如果从人们应用符号进行叙事来看，它们虽属不同的符号体系，但在表达尊崇帝尧的情感、传播帝尧思想文化上具有互文性，三者共同建构了一个有意义的帝尧神话世界。

　　应该指出的是，帝尧神话图像对神话世界的建构，得益于其特别的叙事能力。首先，图像可以被直观解读。帝尧图像作为视觉艺术，通过各种形象直接传递信息，不同时代、地域、阶层的人们都可以凭直觉领会图像的基本精神。其

---

　　① ［美］米歇尔：《图像学：形象，文本，意识形态》，陈永国译，北京大学出版社 2012 年版，第56—58 页。

次，图像对考古文物的保存和具象化展示。比如山西陶寺遗址出土的彩绘龙盘，龙盘内壁上所绘的蟠龙图案，表现的是上古农耕区域的一种文化符号，反映了时人对龙的崇信观念，也是解读古代帝尧部族神话的重要依据。第三，图像借助隐喻所达到的象征性。帝尧人物图像之所以能起到教化鉴戒作用，很大程度上是由于图像具有的仁德象征意义所致的。

基于图像在神话叙事体系中的上述特性，本书借用谱系理论对帝尧创世神话图像进行了专题探讨。

谱系理论是将帝尧神话图像看作一个多元的、综合的叙事体系，在这一体系下又区分为不同的谱系，如时间谱系、空间谱系、神族谱系、内容谱系等，之后深入各谱系内部进行研究。谱系理论适用于研究帝尧神话图像，这是由帝尧图像的多样性和复杂性决定的。从帝尧图像的载体看，有绘画、雕塑、建筑、器物、仪式、风物等。从表现方式上讲，帝尧图像有绘画、版画、雕塑、石刻画、壁画等。从图像的类型来看，则有传统图像、庙会仪式图像和现代舞台剧艺术图像等。从内容主题上说，又有帝尧人物图像、治政图像、信仰图像、根祖与家事图像。

有鉴于此，本书按图像的不同范畴，将帝尧神话图像划分为四大谱系，每一谱系的论题明确集中。时间谱系以历史图像为主，空间谱系以地域图像为主，内容谱系涵盖不同主题的图像，神族与名物谱系则是对神族、器物等图像的分析。在此框架下解读图像，有助于我们将图像与社会文化、思想观念及地理风物等因素相结合，从而揭示图像与所在环境的互动融合过程，理解这些图像在特定时空的存在意义。

在具体的研究中，本书通过历代绘画、现代绘画、考古文物、庙宇塑像、器物图像、庙会仪式图像等，考察分析了帝尧神话图像的内容、特征、与历史地理的关系，进而归纳出这些图像的演变特征、功能意义及其地域文化价值。

一、演变特征

帝尧神话图像有一个辉煌的发展历史，它在不同时代呈现出不同的图像风貌，又在特定地域中纵横排布，勾连呼应。从总体上看，帝尧神话图像始终属于传统文化的象征符号，处于主流文化书写的地位。其演变特征可从时间和空间两个维度予以概括。

从时间谱系上看，先秦时期的帝尧图像是在描绘一位帝尧圣王，此时帝尧的外在样貌基本上被忽略，图像关注的是帝尧的仁德精神及其对帝王的教化。汉代帝尧图像较之前代有了很大发展，不仅对帝尧相貌体征进行富有神性的描绘，同时将图像的教化空间从帝王宫廷扩展到地方社会，汉画像石中出现的帝尧形象，显示出帝尧圣人思想的地域渗透力。魏晋至唐时期，帝尧图像除沿袭旧制施行政治教化外，晋代郭璞创作了《山海经》图赞，其中包含帝尧神话图赞，对后世影响较大。宋元时期出现帝尧人物绘画的巅峰之作，马麟所绘帝尧像堪称范本。明清时期，帝尧神话图像获得巨大发展，最明显的特点是涌现出不少世俗化的帝尧图像，如神像版画、庙会风俗画、庙宇图像等。综合历代的帝尧神话图像，可以发现帝尧的圣人形象始终是各种图像的原点，或内含于图像的意义之中。

从空间谱系来看，帝尧神话图像集中于黄河中下游的山西、河北、山东、河南、陕西等地，这里是华夏文明丛聚的区域，历史上均有帝尧神话叙事传统，帝尧神话在与地域历史文化、地理生态交汇融合之后，生成底蕴丰厚、地域特色鲜明的帝尧神话图像。其中以山西的帝尧图像最为典型。这首先表现在图像数量和影响方面，山西的帝尧神话图像不仅遍布晋南、晋东南、晋中的广大地域，同时对河北、河南、山东等地的相关图像产生文化辐射效应。其次，神话图像叙事体现出整体性和创造性。山西帝尧神话图像涉及诸多亲族贤臣和多种名物，并与语言文本、仪式实践有很好结合，图像叙事性完整。同时，所创造的神话形象，如帝尧妻子鹿仙女，善良聪慧，事迹感人，称得上是帝尧神话图像体系中最光彩灵动的形象。最后，传统神话融入现代社会的示范性。山西帝尧图像在多元主题的叙事中，积极传承帝尧的仁德恭俭精神，将帝尧的帝王、圣人、神灵、祖先的多重身份，转化成一个历史感与现实性结合的动人帝尧形象，适应了当代地方社会的发展。

二、功能意义

帝尧神话图像蕴含的帝尧道德品质力量，从根本上建立起图像本身的多种功能意义，并使其作用于自然与社会两个层面。法国神话学家列维·斯特劳斯说过："神话系统和它所运用的表现方式有助于在自然条件和社会条件之间建立同态关系。"① 按照这种观点，帝尧神话图像对自然和社会而言，能够起到较好的调节作用。

帝尧神话图像对于自然来说，并非为了要解释自然，而是为自然规定了意义，并使其成为解释图像的媒介。这里的自然，包括地理、环境、气候、植物等。很多时候，一些地域的山川风物在帝尧神话的渲染下，被赋予了神圣或神奇的意义。如帝尧祠庙中的山川泉石图像，主要是用以说明祠庙的灵性选址；山上的尧王洞或尧母洞图像，是用于解释帝尧出生的空间；治政图像中的蒉荚草、酸枣刺、水井，则是按照帝尧神话中规定的方向发展，也不再是寻常之物。

从社会层面上看，帝尧神话图像的功能体现在道德教化、精神慰藉、族群维系三个方面。

道德教化的功能是贯穿帝尧图像发展始终的。披图见容，聆言知德，正是对帝尧圣王图像本质意义的概括。观帝尧图像，能够提醒历代帝王遵守道德规范，施行仁政，又可使广大臣民受到圣王思想的熏陶，在尧民治世理想的指引下，平和安乐地生活。

精神慰藉功能主要针对帝尧信仰图像而言。帝尧作为天官、司雨神的形象，是由帝尧圣王身份衍生出来的，也是人们应对危机、寻求庇佑而创造出来的神灵。此类图像存在于神圣空间和祭尧仪式上，所祈愿的生产、生活理想，对人们的精神心理有一定的慰藉作用。

族群维系功能是与帝尧根祖图像密切相关的。帝尧是创世神话中第一位以道德立身的上古帝王，被视为我们民族的远古祖先。帝尧图像中诠释和展现的帝尧精神，能够引起人们思想和情感的共鸣，进而以各种方式表达对帝尧祖先的认同。比如地方社会的祭尧仪式，是在祖先认同基础上维系地域族群关系的重要方式。又如相同姓氏组成的血缘宗亲群体，在寻根问祖、祭拜帝尧的过程中，与帝尧根祖图像所在地域群体建立了联系。

---

① ［法］列维·斯特劳斯：《野性的思维》，李幼蒸译，商务印书馆 2006 年版，第 86 页。

三、地域文化价值

帝尧神话图像具有突出的地域性。在特定的地域中，人们根据本地历史传统和现实的需要，生产了异彩纷呈的帝尧神话图像，这些图像从内容到表现形式，均显示出该地域的文化风貌和人们的精神观念，体现出独特的地域文化价值。

首先，建构地域的文明发展进程。一般来说，地域的发展往往建立在对本地历史传统和资源的认知利用上。帝尧神话图像是一种优秀传统文化和资源，它所承载的上古灿烂文化，极有可能会成为地域的历史文化标志。因此，地方社会借助塑像、建筑、器物、绘画等图像符号，对帝尧神话进行挖掘、开发和利用，往往体现出该地域的文明积淀和发展趋向。当然，对于一些地域所创造的帝尧神话图像，也不能一概否定，因为这些新图像将会逐渐演变成地方传统，进而影响地方文化的整体发展。

其次，创设有历史意蕴和时代气息的公共文化空间。以黄河中下游地区为例。这些地域的帝尧文化传统久远，神话图像也有一定的积累，在此基础上，地方社会通过恢复祭尧仪式、举办文化旅游节、新建帝尧文化景观等方式，使民众认同、支持、参与其中，进而形成富有文化魅力的公共空间。比如晋南的帝尧根祖文化空间、鲁西南的帝尧葬地文化空间等。还有一些长江中下游地区，如江苏、湖北、湖南等地，它们依托某种地理历史资源生产帝尧神话图像，旨在建设独具帝尧文化特色的公共空间。

第三，促进地方文化生态建设。帝尧神话图像是民众在长期实践中创造的文明，其中积淀着许多有价值的生态文明观和生态伦理观。比如帝尧信仰图像所蕴含的山川自然崇拜和民俗禁忌，都体现出对文化生态环境的积极保护，而帝尧治政图像中所体现的和谐开明、道德仁爱的思想理念，更是进行地方文化建设和生态文明建设的基本要素。

总之，帝尧创世神话图像博大精深，既是中华民族传承的历史积淀，也是当代地方社会参与创造的新文化，在传统文化复兴的今天，尤其值得我们珍视和进一步研究。

参考文献

一、古籍文献

（汉）司马迁：《史记》，中华书局1982年版。

（汉）班固：《汉书》，中华书局1962年版。

〔日〕安居香山、中村璋八辑：《纬书集成》，河北人民出版社1994年版。

（晋）杜预：《春秋左传集解》，上海人民出版社1977年版。

（晋）皇甫谧：《帝王世纪》，辽宁教育出版社1997年版。

（晋）郭璞：《足本山海经图赞》，张宗祥校录，古典文学出版社1958年版。

（刘宋）范晔：《后汉书》，中华书局1965年版。

（北齐）魏收：《魏书》，中华书局1974年版。

（梁）萧统：《文选》，李善注，中华书局1977年版。

（唐）房玄龄等：《晋书》，中华书局1974年版。

（唐）张彦远：《历代名画记》，中州古籍出版社2016年版。

（宋）蔡沈：《书集传》，中华书局2017年版。

（宋）洪兴祖：《楚辞补注》，中华书局1983年版。

（宋）洪适：《隶释·隶续》，中华书局1985年版。

（宋）朱熹：《四书章句集注》，中华书局1983年版。

（元）陈澔：《礼记集说》，上海古籍出版社1987年版。

（元）脱脱等：《宋史》，中华书局1977年版。

（明）余象斗编：《列国前编十二朝》，上海古籍出版社1994年版。

（明）周游：《开辟衍绎通俗志传》，上海古籍出版社1994年版。

（明）钟惺辑：《盘古至唐虞传》，金陵书林余季岳刊本，日本内阁文库藏。

（明）潘峦：《古先君臣图鉴》，明万历十二年（1584 年）刻。

（明）茅坤补：《新镌增补全像评林古今列女传》，余文台三台馆明万历十九年（1591 年）刊本。

（明）朱天然：《历代古人像赞》，文物出版社 2018 年版。

（明）王圻、王思义：《三才图会》，上海古籍出版社 1988 年版。

（明）张居正：《帝鉴图说》，文物出版社 2019 年版。

（清）顾炎武、黄汝成：《日知录集释》，栾保群校点，中华书局 2020 年版。

（清）郭庆藩：《庄子集释》，中华书局 1961 年版。

（清）胡聘之：《山右石刻丛编》，山西人民出版社 1988 年版。

（清）《绘图开辟演义》，上海珍艺书局，清光绪十九年（1893 年）排印本。

（清）吕抚辑：《廿一史通俗衍义》，上海古籍出版社 1991 年版。

（清）吕抚辑：《廿四史通俗衍义》，浙江人民出版社 1985 年版。

（清）焦循：《孟子正义》，中华书局 1987 年版。

（清）秦嘉谟等辑：《世本八种》，中华书局 2008 年版。

（清）阮元校刻：《十三经注疏》，中华书局 1980 年版。

（清）孙星衍：《尚书今古文注疏》，中华书局 2004 年版。

（清）孙诒让：《墨子间诂》，中华书局 1986 年版。

（清）王先谦：《荀子集解》，中华书局 1988 年版。

（清）萧从云绘、门应兆补绘：《离骚全图》，上海古籍出版社 2016 年版。

（民国）马骀：《马骀画宝·古今人物画谱》，湖北美术出版社 2016 年版。

《列女传·高士传》，刘晓东校点，辽宁教育出版社 1998 年版。

《尚书图解》，上海书店出版社 2001 年版。

《历代帝王像真迹》，河北美术出版社 1996 年版。

《历代书画录辑刊》，北京图书馆出版社 2007 年版。

陈奇猷：《吕氏春秋新校释》，上海古籍出版社 2002 年版。

陈桥驿：《水经注校证》，中华书局 2007 年版。

范宁：《博物志校证》，中华书局 2014 年版。

贺次君辑校：《括地志辑校》，中华书局 1980 年版。

顾森主编:《中国汉画像拓片精品集》,西北大学出版社 2007 年版。

郭馨、廖东编:《中国历代人物像传》,齐鲁书社 2002 年版。

郭馨编:《中国历代人物像传续编》,齐鲁书社 2014 年版。

黄晖:《论衡校释》,中华书局 1990 年版。

来新夏编:《清刻历代画像传》,天津人民美术出版社 2004 年版。

刘兴珍、郑经文主编:《中国古代雕塑图典》,文物出版社 2006 年版。

王盛元:《孔子家语译注》,上海三联书店 2012 年版。

向宗鲁:《说苑校证》,中华书局 1987 年版。

杨伯峻:《春秋左传注》,中华书局 1990 年版。

袁珂:《山海经校注》,北京联合出版公司 2014 年版。

张玉春:《竹书纪年译注》,黑龙江人民出版社 2003 年版。

赵仲邑:《新序详注》,中华书局 1997 年版。

郑振铎:《中国古代版画丛刊》,上海古籍出版社 1988 年版。

郑振铎编:《伟大的艺术传统图录》,上海三联书店 1989 年版。

周芜、周路、周亮编:《建安古版画》,福建美术出版社 1999 年版。

二、地方文献

柴继光:《尧舜禹故都纪行》,中央文献出版社 2003 年版。

常爱文主编:《尧王与长子》,长子县政协 2006 年印。

陈静强编:《山西民间百鸡剪纸集》,山西春秋电子音像出版社 2006 年版。

陈玉士、乔建军主编:《龙乡陶寺》,山西人民出版社 2005 年版。

董耀星:《天下第一都》,山西古籍出版社 1995 年版。

段友文:《汾河两岸的民俗与旅游》,旅游教育出版社 1995 年版。

樊高福主编:《尧王台:来自远古的呼唤》,永济市文化馆 2016 年印。

冯俊杰:《山西神庙剧场考》,中华书局 2006 年版。

冯俊杰编:《山西戏曲碑刻辑考》,中华书局 2002 年版。

高国宪编:《尧都寻根:尧舜禹君臣后裔姓氏探览》,临汾市政协 1999 年印。

高国宪主编:《三圣宝典》,山西人民出版社 2002 年版。

高树德编:《尧庙》,尧都根祖文化研究委员会 2003 年印。

高树德主编:《走进尧都》,山西人民出版社 2018 年版。

桂遵义、杨国宝主编:《高邮:尧文化发祥地研究》,上海人民出版社 2012 年版。

韩海山主编:《唐尧文化研究文集》,华夏出版社 2012 年版。

韩增寿:《尧母故事百篇》,中国文化出版社 2016 年版。

何驽、高江涛:《陶寺考古》,临汾市三晋文化研究会 2019 年印。

胡建林主编:《太原历史文献辑要》,山西人民出版社 2013 年版。

晋阳文化民间研究会主编:《晋源民间文化·晋源历史文化遗产调查》,2014 年印。

李蹊:《帝尧生于长子考》,中央文献出版社 2014 年版。

李相民主编:《画说临汾》,临汾市政协 2012 年印。

李学智主编:《舜耕历山在洪洞》,三晋出版社 2009 年版。

李永文:《鄄城史话》,中国文史出版社 2012 年版。

梁德权:《故乡的回忆》,尧都区三晋文化研究会 2017 年印。

梁毅民主编:《尧舜禹故事·尧的故事》,1999 年印。

临汾市三晋文化研究会:《尧文化研究·洪洞虞舜文化》,2021 年印。

临汾市尧都区三晋文化研究会编:《尧舜禹历史文化研究论文》,2005 年印。

刘合心:《尧文化知行录》,山西人民出版社 2017 年版。

刘合心、高建录主编:《崇山志》,临汾市三晋文化研究会 2021 年印。

刘纬毅编:《山西历史地名通检》,山西教育出版社 1990 年版。

刘永昌:《话说尧王》,绛县尧文化研究会 2019 年印。

吕步震、安泽峰编:《舜文化寻踪》,中央文献出版社 2005 年版。

潘建荣主编:《帝尧陵研究论集》,中国文史出版社 2020 年版。

蒲县政协文史委编:《神奇柏山》,2015 年印。

乔忠延:《帝尧传》,北岳文艺出版社 2017 年版。

乔忠延:《尧都史鉴》,山西古籍出版社 2003 年版。

秦建明、〔法〕吕敏编:《尧山圣母庙与神社》,中华书局 2003 年版。

曲辰、唐淑云:《尧舜史迹考》,人民日报出版社 2015 年版。

申双鱼、冀光明编：《太行山里的传说》，中国文联出版公司1986年版。

申修福编：《长子文化博览》，中国文化出版社2013年版。

石青柏：《帝尧与平阳》，临汾市尧文化研究开发委员会1997年印。

［日］水野清一、日比野丈夫：《山西古迹志》，孙安邦、李广洁、谢鸿喜译，山西古籍出版社1993年版。

宋建忠：《龙现中国：陶寺考古与华夏文明之根》，山西人民出版社2006年版。

田茂忠、申建华主编：《尧王故里》，绛县尧文化研究会2009年印。

田瑞编：《太原盆地小地名图说》，山西人民出版社2020年版。

王春元：《尧文化的研究与思考》，中央文献出版社2000年版。

王吉文、杨俊莲主编：《翼城民间故事》，翼城县文物旅游局2010年印。

王月喜主编：《中镇霍山秀华夏》，香港天马图书有限公司2000年版。

王振湖编选：《尧都传说》，中国文联出版公司1989年版。

毋世朝主编：《画说临汾》，三晋出版社2020年版。

谢鸿喜：《〈水经注〉山西资料辑释》，山西人民出版社1990年版。

阎爱英主编：《庙会》，山西经济出版社1991年版。

杨苇绘画、陈静强编文：《三晋一百名人图》，山西人民出版社2002年版。

杨迎祺：《尧风遗韵》，中国文史出版社2004年版。

于兰茹编：《尧母庆都》，河北大学出版社2013年版。

袁行霈、陈进玉主编：《山西地域文化通览·山西卷》，中华书局2013年版。

张海杰编：《帝尧民间传说故事》，尧都区三晋文化研究会2009年印。

张兴岳主编：《尧都村志》，翼城县史志办公室2008年印。

赵大勇、赵随意：《尧都平阳与尧舜禹》，山西古籍出版社1999年版。

赵国宏编绘：《尧母的故事》，望都县文联2020年印。

赵江明、赵满芳编：《黎城碑文化赏识》，2008年印。

甄作武、李玉林主编：《尧舜禹的传说》，希望出版社2000年版。

周文洁：《尧文化新探》，临汾市三晋文化研究会2012年印。

宗健编：《唐县地名文化》，中国文史出版社2018年版。

邹瓒主编：《尧风永沐》，中国书籍出版社2017年版。

三、现代论著

包亚明编：《后现代性与地理学的政治》，上海教育出版社 2001 年版。

陈怀恩：《图像学：视觉艺术的意义与解释》，河北美术出版社 2011 年版。

陈建宪：《神祇与英雄：中国古代神话的母题》，三联书店 1994 年版。

陈泳超：《尧舜传说研究》，南京师范大学出版社 2000 年版。

程蔷：《中国民间传说》，浙江教育出版社 1995 年版。

丁山：《中国古代宗教与神话考》，上海书店出版社 2011 年版。

冯天瑜：《上古神话纵横谈》，上海文艺出版社 1983 年版。

顾颉刚等：《古史辨》，上海古籍出版社 1982 年版。

韩丛耀：《中华图像文化史·图像论》，中国摄影出版社 2016 年版。

蒋英炬、杨爱国：《汉代画像石与画像砖》，文物出版社 2001 年版。

雷伟平：《上海三官神话与信仰研究》，中国言实出版社 2016 年版。

冷德熙：《超越神话——纬书政治神话研究》，东方出版社 1996 年版。

李亦园：《宗教与神话》，广西师范大学出版社 2004 年版。

刘俊男：《长江中游地区文明进程研究》，科学出版社 2014 年版。

卢禺光绘画、吴绿星编文：《中国一百神仙图》，新世纪出版社 1990 年版。

吕大吉主编：《宗教学通论》，中国社会科学出版社 1989 年版。

吕微：《神话何为：神圣叙事的传承与阐释》，社会科学文献出版社 2001 年版。

马昌仪：《古本山海经图说》，广西师范大学出版社 2007 年版。

马昌仪编：《中国神话学文论选萃》，中国广播电视出版社 1994 年版。

马书田：《中国人的神灵世界》，九州出版社 2002 年版。

马书田、马书侠：《全像福寿财神》，江西美术出版社 2008 年版。

彭刚：《叙事的转向：当代西方史学理论的考察》，北京大学出版社 2017 年版。

钱穆：《两汉今古文平议》，商务印书馆 2001 年版。

申丹、王丽亚：《西方叙事学：经典与后经典》，北京大学出版社 2010 年版。

苏秉琦：《中国文明起源新探》，三联书店 1999 年版。

田兆元：《神话叙事与社会发展研究》，陕西师范大学出版社 2019 年版。

田兆元、唐睿、毕旭玲：《中华创世神话人物图像谱系》，上海人民出版社 2020 年版。

田兆元、叶舒宪、钱杭：《中华创世神话六讲》，上海交通大学出版社 2018 年版。

王伯敏：《中国版画通史》，河北美术出版社 2002 年版。

王伯敏：《中国绘画通史》，三联书店 2000 年版。

王伯敏主编：《中国美术全集·绘画编》，上海人民美术出版社 1988 年版。

王树村、王海霞：《年画》，文化艺术出版社 2012 年版。

王庸：《中国地图史纲》，三联书店 1958 年版。

夏鼐：《中国文明的起源》，文物出版社 1985 年版。

谢选骏：《神话与民族精神：几个文化圈的比较》，山东文艺出版社 1986 年版。

许顺湛：《五帝时代研究》，中州古籍出版社 2005 年版。

徐旭生：《中国古史的传说时代》，广西师范大学出版社 2003 年版。

叶舒宪：《中国神话哲学》，中国社会科学出版社 1992 年版。

殷伟、殷斐然编：《节令年画》，清华大学出版社 2016 年版。

俞孔坚：《理想景观探源》，商务印书馆 1998 年版。

余英时：《士与中国文化》，上海人民出版社 1987 年版。

袁珂：《中国神话通论》，巴蜀书社 1993 年版。

张晨霞：《帝尧传说与地域文化》，学苑出版社 2013 年版。

张从军：《黄河下游的汉画像石艺术》，齐鲁书社 2004 年版。

张开焱：《世界祖宗型神话：中国上古创世神话源流与叙事类型研究》，中国社会科学出版社 2016 年版。

张振犁：《中原神话研究》，上海社会科学院出版社 2009 年版。

赵世瑜：《小历史与大历史：区域社会史的理念、方法与实践》，三联书店 2006 年版。

赵毅衡：《广义叙述学》，四川大学出版社 2013 年版。

钟敬文：《民间文艺谈薮》，湖南人民出版社 1981 年版。

朱存明等：《神话之魅：中国古代神话图像研究》，三联书店 2021 年版。

［美］阿兰·邓迪斯编：《西方神话学读本》，朝戈金等译，广西师范大学出版社 2006 年版。

［美］爱德华·希尔斯：《论传统》，傅铿等译，上海人民出版社 1991 年版。

［美］艾兰：《龟之谜：商代神话、祭祀、艺术和宇宙观研究》，汪涛译，商务印书馆 2010 年版。

［美］保罗·康纳顿：《社会如何记忆》，纳日碧力戈译，上海人民出版社 2000 年版。

［日］大林太良：《神话学入门》，林相泰、贾福水译，中国民间文艺出版社 1988 年版。

［美］戴安娜·克兰：《文化生产：媒体与都市艺术》，赵国新译，译林出版社 2012 年版。

［美］戴维·赫尔曼：《新叙事学》，马海良译，北京大学出版社 2002 年版。

［德］恩斯特·卡西尔：《人论》，甘阳译，上海译文出版社 1985 年版。

［美］海登·怀特：《形式的内容：叙事话语与历史再现》，董立河译，文津出版社 2005 年版。

［美］华莱士·马丁：《当代叙事学》，伍晓明译，北京大学出版社 1990 年版。

［英］霍布斯鲍姆、兰格：《传统的发明》，顾杭、庞冠群译，译林出版社 2004 年版。

［英］凯伦·阿姆斯特朗：《神话简史》，胡亚豳译，重庆出版社 2020 年版。

［美］克利福德·吉尔兹：《地方性知识：阐释人类学论文集》，王海龙、张家瑄译，中央编译出版社 2000 年版。

［美］柯文：《历史三调：作为历史、经历和神话的义和团》，杜继东译，江苏人民出版社 2000 年版。

［法］列维·斯特劳斯：《野性的思维》，李幼蒸译，商务印书馆 2006 年版。

［日］柳田国男：《传说论》，连湘译，中国民间文艺出版社 1985 年版。

［英］马林诺夫斯基：《文化论》，费孝通译，中国民间文艺出版社 1987

年版。

［罗马尼亚］米恰尔·伊利亚德:《神圣与世俗》,王建光译,华夏出版社2002年版。

［美］米歇尔:《图像何求:形象的生命与爱》,陈永国、高焓译,北京大学出版社 2018 年版。

［美］米歇尔:《图像学:形象,文本,意识形态》,陈永国译,北京大学出版社 2012 年版。

［法］米歇尔·福柯:《知识考古学》,谢强、马月译,三联书店 2007 年版。

［法］莫里斯·哈布瓦赫:《论集体记忆》,毕然、郭金华译,上海人民出版社 2002 年版。

［美］欧文·潘诺夫斯基:《图像学研究·文艺复兴时期艺术的人文主题》,上海三联书店 2011 年版。

［英］王斯福:《帝国的隐喻:中国民间宗教》,赵旭东译,江苏人民出版社 2008 年版。

［美］温迪·达比:《风景与认同:英国民族与阶级地理》,赵箭飞、赵红英译,译林出版社 2011 年版。

［美］巫鸿:《全球景观中的中国古代艺术》,三联书店 2017 年版。

［美］巫鸿:《武梁祠:中国古代画像艺术的思想性》,三联书店 2015 年版。

［美］约翰·维克雷编:《神话与文学》,潘国庆、杨小洪、方永德、吴淑彦、曹洁、宋光丽译,上海文艺出版社 1995 年版。

［日］曾布川宽:《六朝帝陵——以石兽和砖画为中心》,南京出版社 2004 年版。

［美］詹姆斯·斯科特:《国家的视角:那些试图改善人类状况的项目是如何失败的》,王晓毅译,社会科学文献出版社 2019 年版。

图像目录

后　记

岁月不居，时节如流，壬寅虎年忽然而至。

回想十二年前，我在山西临汾的第一轮帝尧神话调研，如在眼前。那时，为获取博士论文晋南帝尧传说写作的资料，我怀着满腔热忱，初入新奇的田野。简单的数码相机、粗疏的摄影技术记录了那时青涩的访谈，留下了行走所见的山川风物影像。欣慰的是，本书在论山西浮山、绛县的图像时，就选用了这一时期的照片。

七年前，我有幸承担国家社科基金青年项目——山西帝尧传说的地方叙事谱系研究。这是围绕山西省内的帝尧神话传说展开的，我除了再次调研博士写作时的部分地域，还陆续前往晋东南、晋中多个市县村落进行调研。在这一时期的田野作业中，我收获了大量有价值的图像资料，不少图像得以出现在本书中。

去年4月，带着本书的写作任务，我与两个学生前往鲁西南、河南、河北多地，观察访谈、录音拍照，做了较为细致的专题调研，拍摄了很多高质量的照片。在异乡的调研，本是不易进入的，但在诸多热心的传统文化研究者、保护者帮助下，也使我们异乡的行程愉快顺畅，收获满满。

有了以上三个时期的研究经历和充分的调研资料，我以为写作本书是不费时力的。事实并非如此。帝尧神话图像虽与帝尧神话密切相关，但属于另一种叙事体系，图像的发展是主线。然而中国绘画史、古代帝尧绘画、图像艺术理论等，于我都是知之不多的。写作历时近一年，远超我的预期。交稿一再迁延，内心焦灼不安。然而我不愿意敷衍应对，草率下笔。对于每一幅图像的来历，我都努力还原历史背景和文化发展状况，包括了解画作者的基本情况。在分析图像内容时，我将图题与文本对应，如果没有图题，就观察人物的服饰和动作，查阅相关资料后作尽可能准确地描述。这些都是颇费周折的。

如今写作杀青，可以当作给恩师田兆元的一点回馈。田老师是我的博士导师，在读期间受教良多，回到家乡山西工作后，老师又不忘经常提点，原来他对我是有所期待的。可惜的是，那时的我贪图简单安逸的生活，拒绝社交平台，虽国家项目在研，但学术已离我渐行渐远了。直到四年前，在田老师参与组织的第二届中华创世神话上海论坛上，我作了相关帝尧神话的发言，再次与学术相遇。如果说，田老师是我走向科研大果园的引路人，那么帝尧创世神话研究就是我遇到的一颗好果子。没有老师，也就不会有本书的写作。

在实际研究帝尧图像的过程中，我是下了一番功夫的。在我看来，本书有两个特色，一是图像资料多而优，二是谱系方法的运用。

第一个是在图像资料呈现上。本书所收图像500余幅，每一幅都经过精心筛选，仔细比对。尤其是在选择现代的图像时，会充分考虑图像的表达意义、拍摄时间、图像效果，图像的增补修改一直没有停止。图像选用尽管各有标准，但是本书中的一些图像是不可替代的，非常珍贵。如清代山西临汾的尧庙逢会图，气势宏大，场面壮观，画中人物有2550多个，是一幅庙会风俗画巨制。此画现藏于临汾市博物馆，如养在深闺，并不曾公之于世。本书首次援引展现此画，并作出一定的评述。又如清代帝尧天官赐福平阳木版年画，属于民间收藏，未见出版。还有民国时期临汾尧庙的帝尧塑像以及当时庙会图像等，都是历史图像，也是难以看到的。这些图像的重要性不仅在于帝尧图像本身的研究，同时也具有较高的思想价值和地方文化价值。

第二个特色是谱系研究的模式。在我看来，谱系理论是一种有效力的研究方法，可以在时空、纵横向、人事社会等不同维度，给予研究对象深刻的阐释，揭示其内在规律和价值意义。在谱系研究的模式下，本书将搜集的绘画、雕塑、建筑、器物、仪式、风物等各种图像，纵横交错，穿插走合，实现了对帝尧神话图像问题的初步探讨。具体来说，本书划分为四大谱系，分别论述了历史上的帝尧图像、空间中的帝尧图像、塑造帝尧的神族和相关器物的图像、不同主题内容的帝尧图像，这四个谱系相互区别，各有不同表现特点。而末章对考古文物等四种图像所作的分析，又展现出不同谱系之间的联系和有机统一。

如果说以上的特色也算一点成绩的话，我首先要将它归功于一批地方传统文化研究者、保护者，他们是我在田野调研和写作期间遇到的地方学者或热心文化人士。还记得，他们怀着浓郁的地域情怀，引荐我融入地方，或为我提供图像资料，或耐心配合我的访谈，给予我各种切实有效的帮助。我常想，能够与各地的文化精英联络对话，得到他们的无私帮助，这或许就是一种文化传承，他们是帝尧文化地域传承的中坚力量，我则是这个传承链条中的一个幸运的接力者。对于他们，我的内心常常涌动着感激。

感谢的对象先从我去年4月以来遇到的地方传统文化研究者、保护者说起。这些精英来自山东、河北、河南、陕西、湖北、湖南、江苏、重庆、广东、广西诸省市，他们中的有些人竟未曾谋面，在我电话或邮件联系之后，也愿意提供帮助。我如愿获得了许多宝贵的图像。尽管这批图像已在书中署名，但我仍要开列一份名单，表达内心的感谢和尊重。他们主要是山东菏泽市历史文化研究所长潘建荣、办公室主任杨航，鄄城县文化人士潘振起、牡丹区胡集镇副镇长杨焕，河北唐县唐尧文化研究会会长韩海山、副会长宗健，河北顺平县档案局原局长邹瓒、唐尧文化园负责人刘继台，河北望都县文联主席于兰茹、作协主席赵国宏，河南平顶山市图书馆馆长王宝郑、焦作师专教授程峰、沁阳县尧圣庙管理员任二兴、鲁山县中学生张文谦，陕西蒲城县尧山文化传承人王忠玉、尧山神社文化工作者贾树林，湖北尧治河村党建办王龙平，湖南攸县尧帝宫负责人黄开冬，江苏金湖尧想国文旅区夏晓凡，重庆师范大学教授刘俊男、李波，广东广州市政协书画院秘书长朱光荣，广西桂林市七星区政协办蒋丽珊。

山西是我的主要田野工作地域，从十二年前读博士期间调研开始，我就得到地方传统文化研究者、保护者的慷慨相助。加上之后的项目调研，我考察了省内几乎所有的帝尧神话地域，结识了太多让我铭记感恩的研究者、保护者。应该说，本书收录的不少山西帝尧图像，很多都离不开地方传统文化研究者、保护者的支持，他们的名字已镌刻在我的心中。在这里，仅列出本书图像的直接提供者，他们是临汾市尧文化研究中心主任刘合心、临汾市作协主席乔忠延、尧都区文物旅游局原书记高树德、平阳木版年画博物馆长赵国琦、尧都区文物旅游局宣传科长张海杰、尧都区博物馆馆长张云岗、帝尧旅游文化发展公司办公室主任刘维雅、帝尧旅游文化发展公司景区部长高卓然、尧帝古居安保负责人李雁军、尧都区姑射村书记杨岭岭、尧都区伊村村主任唐晓明、绛县非遗传承人李友益、绛县非遗办主任袁兵、永济市尧王台景区接待部原部长王丽娜、长治炎帝文化研究会秘书长刘艳忠、山西省民盟退休干部陈静强、清徐县团委书记续鹏飞、祁县作协秘书长武殿旺。

还要感谢的是创作帝尧绘画的当代画家，他们是卢延光、杨苇、高国宪、谷中良、张登云、刘然、赵国宏。在这七位画家或其亲属的同意下，我才有机会品鉴和评析他们笔下灵动的帝尧神话画作。

还要再次感谢的是田兆元老师，是老师的信任和支持，我才得以与帝尧神话图像相遇相知，经历了这一次美好的文化之旅。同门的情谊也感动着我，毕旭玲师姐、唐睿师妹、程鹏师弟都曾为我提供图像，毕师姐还多次给我答疑解惑，鼓励敦促，使书稿得以顺利提交。

还要特别感谢的是我的两位学生李萌和聂巧通，他们在紧张的论文写作之余，跟随我外出调研，十多天密集而辛苦的田野作业，全身心投入，没有半点怨言。没有他们的参与协助，许多访谈和照片拍摄是无法完成的。书中收录山东、河南、河北的照片，多是出自他们之手。

我现在工作的山东理工大学文学院，是一个不断进取、温暖融洽的集体。在这里，我专心写作了本书，感谢这个集体里的领导和同事。

责任编辑罗俊先生认真细致审校书稿，并对图像的编排设计提出专业中肯的意见，为保证书稿的质量付出了大量辛勤劳动，特表谢意。

最后我要说的是，写作是一件充满遗憾的事情。本书从资料搜集到图像论述，尽管已尽心竭力，但仍有不尽如人意之处。比如我国神话图像资料浩如烟海，本书收录的帝尧神话图像，难免挂一漏万。又如帝尧神话图像与文本资料的学理分析，图像谱系之间的内在逻辑结构等，都需要进一步的挖掘研究。在语言的表述上，我也常有在诉诸笔端时，半折心始之感。

囿于才识和学力，本书如有疏漏舛误之处，诚望方家指正。

是为记。

张晨霞

2022 年 2 月 13 日

图书在版编目(CIP)数据

帝尧创世神话图像谱系/张晨霞著. —上海：上
海人民出版社，2022
（中华创世神话研究工程系列丛书. 中华创世神话图
像编）
ISBN 978 - 7 - 208 - 17751 - 2

Ⅰ. ①帝…　Ⅱ. ①张…　Ⅲ. ①神话-人物形象-研究
-中国-图集　Ⅳ. ①B932.2 - 64

中国版本图书馆 CIP 数据核字(2022)第 114932 号

责任编辑　罗　俊
封面设计　李　祎

中华创世神话研究工程系列丛书·中华创世神话图像编
帝尧创世神话图像谱系
张晨霞　著

出　　版　上海人民出版社
　　　　　（201101　上海市闵行区号景路 159 弄 C 座）
发　　行　上海人民出版社发行中心
印　　刷　商务印书馆上海印刷有限公司
开　　本　720×1000　1/16
印　　张　22.75
插　　页　5
字　　数　365,000
版　　次　2022 年 8 月第 1 版
印　　次　2022 年 8 月第 1 次印刷
ISBN 978 - 7 - 208 - 17751 - 2/B · 1626
定　　价　158.00 元